47都道府県 ビジュアル文化百科
伝統行事

神崎宣武／監修　こどもくらぶ／編

丸善出版

はじめに

近年、海外では日本文化に対する人気やあこがれが、もりあがりを見せています。アニメやまんが、若者のファッション、家電や自動車といった工業製品、さらに食文化や伝統文化など、日本独自の文化が「クール（かっこいい）」であると評されています。

ところで、そのクールジャパン（かっこいい日本）にくらしているわたしたちは、日本について、とりわけ日本の伝統や文化について、どれだけ知っているでしょうか。日本人は、外国の人たちから「日本人でありながら日本のことを知らなすぎる」という印象をもたれることも多いといいます。

日本の伝統や文化についてしっかりとした知識をもつことは、日本を理解するうえでも、外国人とコミュニケーションをするうえでも、とてもたいせつです。日本と他国の伝統や文化のちがいを知ることで、たがいの理解が深まり、交流も広がります。

このシリーズでは、日本各地の伝統や文化を、さまざまなテーマをとおして学ぶことができるようになっています。各都道府県の基本的な情報にくわえ、各地の伝統や文化をくわしく知ることができます。巻頭の特集では、全国とのちがいや共通点を理解できるようにもなっています。

シリーズ第1期では、「伝統食」「地野菜／伝統野菜」「伝統行事」の3巻にわけ、都道府県別に各地のさまざまな料理や野菜、行事などを紹介しています。

日本の伝統や文化を知ることは、日本を知ることにつながり、日本人のくらしの知恵を学ぶことにもなります。このシリーズを読んで、みなさんが自分の住む地域について、そして日本について、おおいに関心をもってほしいと願っています。

※本シリーズは、丸善出版発行のさまざまな切り口で47都道府県を紹介したシリーズをもとに、小学生～中学生向けに再編集したものです。今後もさまざまなテーマで、日本をくまなく網羅しながら、日本特有の伝統や文化を紹介していきます。

もくじ

はじめに……………………………………………………………………………………2

パート1 テーマ別に見る伝統行事

- テーマ① 時代の変化とともに伝わる　日本の年中行事……………………………6
- テーマ② 子どもの健全な成長を祝い、願う　日本各地の子どもの日の祭り………16
- テーマ③ 踊りうたって先祖を送りだす　日本各地の盆踊り…………………………18
- テーマ④ 神さまがのったり宿ったりするもの　日本各地の神輿や山車………………20
- テーマ⑤ おそろしいけれど、幸福をもたらす　祭りに登場する神さま………………24

パート2 47都道府県の祭りと伝統行事

北海道・東北地方……………………………………………………………………28
北海道●30／青森県●31／岩手県●32／宮城県●33／
秋田県●34／山形県●35／福島県●36

もっと知りたい！ 二十四節気って、なんのこと？……………………………37

関東地方…………………………………………………………………………38
茨城県●40／栃木県●41／群馬県●42／埼玉県●43／
千葉県●44／東京都●45／神奈川県●46

もっと知りたい！ 祭りはいつから始まった？………………………………47

北陸・中部地方………………………………………………………………………48
新潟県●51／富山県●52／石川県●53／福井県●54／山梨県●55／
長野県●56／岐阜県●57／静岡県●58／愛知県●59

近畿地方…………………………………………………………………………60
三重県●62／滋賀県●63／京都府●64／大阪府●65／
兵庫県●66／奈良県●67／和歌山県●68

もっと知りたい！ 日本全国に広がる阿波踊り………………………………69

中国・四国地方………………………………………………………………………70
鳥取県●73／島根県●74／岡山県●75／広島県●76／山口県●77／
徳島県●78／香川県●79／愛媛県●80／高知県●81

九州・沖縄地方………………………………………………………………………82
福岡県●85／佐賀県●86／長崎県●87／熊本県●88／
大分県●89／宮崎県●90／鹿児島県●91／沖縄県●92

さくいん……………………………………………………………………………………93

この本の使い方

この本は、パート1とパート2に分けています。
それぞれのパートは次のように構成されています。

短く、わかりやすくまとめた本文。＊がついたことばは、おなじページに意味を紹介。

パート1

とりあげたテーマの番号。全部で5つある。

写真は極力大きくきれいなものを紹介。

パート1とパート2に分け、パート2では紹介する地方区分を色別に表示。

どの都道府県の伝統行事なのかがひと目でわかるように、日本地図で紹介。

パート2

日本を6つの地方に区分して紹介。

各都道府県の基本データ。

紹介する地方の地形などがわかる地図。

各都道府県の地形や文化の特徴を紹介。

このページで紹介する都道府県の名前。

紹介している伝統行事の写真。

とりあげた祭りや行事の特徴や、いわれなどを紹介。

祭りに関連するひとことコメント。

各都道府県の祭りや伝統行事にかんするもうすこしくわしい情報を紹介。

★本文は「祭り」で統一していますが、祭りの名称は、その地方での表記にしたがいました。　★開催日、開催場所は、年によってかわることがあります。
※地名表記は『最新基本地図 -世界・日本- 40訂版』（帝国書院）による。

パート1
テーマ別に見る伝統行事

テーマ1 日本の年中行事
6ページ

テーマ2 日本各地の子どもの日の祭り
16ページ

テーマ3 日本各地の盆踊り
18ページ

テーマ4 日本各地の神輿や山車
20ページ

テーマ5 祭りに登場する神さま
24ページ

テーマ1 時代の変化とともに伝わる 日本の年中行事

日本は四季にめぐまれた国といわれています。四季がはっきりしているということは、四季おりおりに特色のある行事が定まっているということです。

季節の変わり目を知る「二十四節気」

よくテレビなどで「暦の上では春（夏、秋、冬）になりました」と表現しているのを耳にします。それは、二十四節気の立春、立夏、立秋、立冬にふれて、季節の変わり目をつげているのです。「節」とは季節の変わり目という意味で、二十四節気とは一年を24の期間に分けたもの。

暦のたて方にはいくとおりかがありますが、二十四節気は古代中国で生じたものが日本に伝わり広まったものです。

四季のはっきりしている日本では、季節の変化を予測できると、さまざまに都合のよいことがあります。なかでも、いつごろ種まきをして、いつごろ収穫するかといった農耕の計画をたてるには、季節の変わり目を知ることは、重要なことでした。

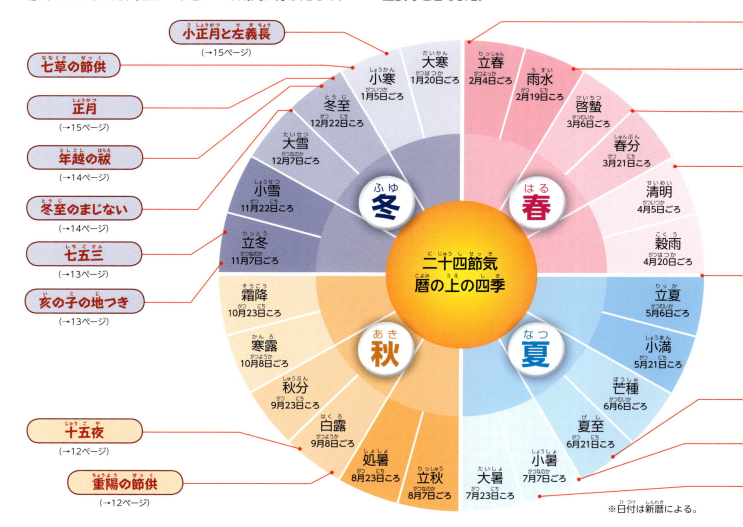

※日付は新暦による。

七草の節供

1月7日は七草がゆで邪気をはらい、一年を健康にすごせるようにと願う「七草の節供」。古くから行事としておこなわれていて、江戸時代には幕府の公式行事となり、武家や庶民に定着していた。

- 節分の豆まき（→8ページ）
- ひな祭りの節供（→8ページ）
- 春の彼岸（→9ページ）
- 花祭り（→9ページ）
- 端午の節供（→10ページ）
- 田植え（→10ページ）
- 夏越の祓（→10ページ）
- 七夕の節供（→11ページ）
- 盆とご先祖（→11ページ）

節目におこなわれる行事

季節の変わり目は、気候が不安定です。この時期には病気にかかりやすく、事故にもあいやすいということで、立春・立夏・立秋・立冬の直前約18日間を「土用」とし、人びとは、さまざまな厄除けのまじないをおこなってきました。一般的によく知られている夏の「土用の丑の日」のうなぎも、夏やせをふせぐ食養生のひとつでした。また「寒中見舞い」や「暑中見舞い」のハガキを出す習慣は、そもそも近しい人に滋養豊富な食品をおくることからきています。

「節分」は、季節の分かれ目のことで、もともとは立春・立夏・立秋・立冬の前日をさします。旧暦では立春のころが一年のはじめとされているので、節分といえば一般的に立春の前の日のことをさすようになりました。

「節供（節句＊）」は、季節の節目に、無病息災、豊作、子孫繁栄などを願う行事です。もとは中国から伝わったもので、五節供（1月7日の人日・3月3日の上巳・5月5日の端午・7月7日の七夕・9月9日の重陽）がよく知られています。これらは江戸時代に休日としてさだめられ、普及したものです。

節分や節供は、地域によるちがいをもちながら、現代にもよく伝えられている行事です。節分では春の節分が、節供では3月3日の上巳が「桃の節供」として、端午や七夕とともに伝わっています。

＊「節供」を「節句」ともいう。節供は、季節の変わり目に神に供えた食べ物のこと。

新暦と旧暦

暦は一年の月・日・曜日・行事などを順序を追って書いたものです。日本では明治時代の1872年まで、「天保暦」（太陰太陽暦＊）とよばれる暦を使っていました。しかし当時、欧米諸国で使われていた「グレゴリオ暦」（太陽暦）は、天保暦と日付がまったくちがっていて、外交をおこなううえで不便でした。そこで改暦されることになり、改暦前の暦を「旧暦」、改暦後の暦を「新暦」とよぶようになりました。現在は、世界の多くの国がグレゴリオ暦を採用しています。

＊太陰暦（月の満ち欠けの周期を基本としてつくられた暦）と太陽暦（太陽の動きを観察してもとめた一年という長さを基本としてつくられた暦）の両方のしくみを組みあわせて、ひとつにまとめた暦。ふたつのことなるしくみを組みあわせるので、とても複雑な暦となっている。

●四季の区分

	気候学	天文学	旧暦・節切り	旧暦・月区切り
春	新暦 3〜5月	春分〜夏至前日	立春〜立夏前日	旧暦 1〜3月
夏	新暦 6〜8月	夏至〜秋分前日	立夏〜立秋前日	旧暦 4〜6月
秋	新暦 9〜11月	秋分〜冬至前日	立秋〜立冬前日	旧暦 7〜9月
冬	新暦 12〜2月	冬至〜春分前日	立冬〜立春前日	旧暦 10〜12月

旧暦・節切りは、二十四節気や俳句の季語の分類に用いられる。

パート1 テーマ別に見る伝統行事

パート2 47都道府県の祭りと伝統行事
- 北海道・東北地方
- 関東地方
- 北陸・中部地方
- 近畿地方
- 中国・四国地方
- 九州・沖縄地方

春の行事

春は、寒さがやわらぎ、本格的な農作業が始まる季節です。春の彼岸や花祭りなど仏教にまつわる行事や、ひな祭りなど、子どもの健康と幸せをいのる行事がおこなわれます。

節分の豆まき

季節の変わり目は邪気悪霊がしのびこみやすく、災いが生じやすいときとされる。そうした災いをふせぐために、節分の夜には豆をまいて鬼を追う豆打ち（豆まき）をおこなう。これを「鬼やらい」ともいい、鬼を追いはらうために、くさいけむりが出るイワシを焼いたり、目をさされるとして鬼がきらう柊の枝を門や軒下につるしたりして、魔除けとする風習もある。

節分に魔除けとして使われる「ひいらぎいわし」。柊の小枝に焼いたイワシの頭をさしたものを玄関などにかざる。

節分の日には、神社や寺で節分祭や節分会、豆まきなどがおこなわれる。

ひな祭りの節供

流しびなの風習は、いろいろな地域でいまもおこなわれている。

ひな祭りは、女の子の成長と幸せを願う行事。もとは桃の花の開花時期にあたる旧暦の3月3日におこなわれていたので「桃の節供」ともよばれる。女の子のいる家では、この時期にひな人形をかざり、桃の花や、ひしもちを供えてお祝いする。邪気をふせぎ、健康をたもってじょうずにのりこえようということで、人の形に切った紙でからだをなで、息をふきかけてからだのなかにたまったけがれをうつす。そして、その人形を川や海に流すことで災いをはらう習慣があった。

ひな人形のかざり方と意味（七段十五人）

今日のようなひな人形が見られるようになったのは、江戸のまちで元禄のころ（17世紀末）。段かざりの流行は、江戸時代も後期のことで、地方にまで広がるのは、明治時代以降のことだ。

1段目 ①ぼんぼり ②男びな／古典びなでは、男びなを向かって右に、女びなを向かって左にかざる。現代はその反対でかざる。 ③女びな ④金びょうぶ ⑤桃の花をさした瓶子 ⑥親王台／いちばん位の高い人がすわるたたみの台 ⑦三宝または島台

2段目 ⑧官女（三人官女）／宮廷につかえ、官職をもつ女性。長い柄の銚子をもっている官女を向かって右は左に、短い銚子をもっている官女を左はしに、すわっている官女は中央におく。 ⑨高坏／桜もちや草もちなど季節の菓子をお供えする。

3段目 ⑩五人囃子／右はしから、扇子をもった謡、笛、小鼓、大鼓、太鼓とつづく。楽器は左にいくにつれてだんだん大きくなる。

4段目 ⑪随臣（警護の人）／向かって右が左大臣（老人）、左が右大臣（若者）。 ⑫御膳 ⑬菱台／ひしもちをかざる。

5段目 ⑭左近の桜／日本の象徴である桜を男びなから見て左側におく。 ⑮右近の橘／子にめぐまれるようにと、多くの実をなす橘を男びなから見て右側におく。これは、京都御所の正殿「紫宸殿」にならったもの。 ⑯熊手 ⑰塵取 ⑱箒

6段目 ⑲茶道具 ⑳火鉢 ㉑針箱 ㉒鏡台 ㉓長持 ㉔たんす

7段目 ㉕御所車 ㉖重箱 ㉗籠

流しびなにもちいられる人形。紙や、わらなどでつくられる。

春の彼岸

彼岸*は春と秋の2回ある。太陽が真東からあがって、真西にしずみ、昼と夜の長さが同じになる春分の日と秋分の日、その前後3日間の計7日間を彼岸とする。彼岸には各地の仏寺で「彼岸会」とよばれる法要もよおされ、仏教行事として発達してきた。先祖を供養し、墓参りをする。仏壇や墓のそうじをし、花やくだものなどをお供えする慣習がある。

*仏教の世界では、この世を「此岸」、対して死後の浄土を「彼岸」という。此岸は、人間が煩悩になやまされる世界。対する彼岸は、その煩悩をたちきって得た、清らかな幸せに満ちた世界だとされる。

和風月名

和風月名は、日本にまだ文字がないほど古い時代から使われていたと考えられています。自然の変化のようすや農耕にまつわる名前が多くならぶことから、古い自然暦の月のよび名が伝わったものではないかといわれています。月名の由来はたくさん説があります。表にあるのは、現在有力だと考えられているものです。

	和風月名	月名の由来
一月	睦月	親類一同集まって睦みあう（親しくする）月。
二月	如月	まだ寒さがのこり、衣を更に着る月（衣更着）。
三月	弥生	木や草がいよいよ生いしげる月。
四月	卯月	十二支の四番目の「卯」にかけて四番目の月。
五月	皐月	早苗を植える月。
六月	水無月	田に水を入れる月（「無」は「の」の意味）
七月	文月	稲の穂が実る月（穂含月）。
八月	葉月	木ぎの葉が落ちる月。
九月	長月	夜が長い月。
十月	神無月	新穀を神にささげる神嘗月。
十一月	霜月	霜のふる月。
十二月	師走	師匠（僧）といえど走るほどいそがしい月。

花祭り

4月8日の釈迦*の誕生日におこなわれる行事を花祭りという。仏教行事として正式には「灌仏会」や「浴仏会」、「仏生会」などとよばれる。各地の寺では釈迦の誕生を祝う法要がおこなわれ、境内には花御堂（写真）という小さなお堂がつくられる。花御堂は、甘茶で満たしたあさい鉢のなかに釈迦の像を安置し、花でかざったもの。お参りにおとずれる人は、ひしゃくで釈迦の像に甘茶をそそぎ、自分もひと口いただくことで、無病息災を願う。

*仏教を創始したゴータマ＝シッダールタのこと。釈迦の像の頭の上から甘茶をそそぐ風習は、生まれたばかりの釈迦に、その誕生を祝って竜王が天から清らかな雨をふらせたという中国の伝説にならったもの。

夏の行事

　夏は、秋の収穫に向けて農作業がいそがしくなる季節であり、むかしは疫病がはやる季節でもありました。旧暦の6月みそかをもっておこなわれる「夏越の祓」のように災いをはらう行事にくわえ、7月になると夏祭りや盆踊りが各地でおこなわれます。

端午の節供

　端午の節供は、旧暦でかぞえると、夏のはじめの行事となる。現在では「こどもの日」として国民の祝日になっている。この日は庭に武者のぼりやこいのぼりを立て、ふきながしをそえる。座敷には、武者人形やよろいやかぶとをかざり、男の子の成長を祝う。また、菖蒲湯に入ったり、ちまきやかしわもちを食べる風習も広く伝わる。菖蒲は、においが強く、へびや虫をよせつけないことから、火伏せや虫除けのまじないとして、江戸時代にはすでに庶民の社会に広まっていた。

日本各地で、多くのこいのぼりがあげられる。

蓬と菖蒲を家の軒にさしたり、菖蒲を湯に入れて身を清める。

田植え

「お田植え」や「お田植え祭り」とよばれる豊作を願う行事は、全国各地に分布している。

　日本での5、6月は、田植えの時期。一年のうちでも重要視され、田植えにあたり、豊作を願うために田の神をむかえる風習が広く定着していた。田植えは、神をまつるところでの神聖な作業である。とくに早苗を田に植えるのは、古くは女性の役目だった。また、その年ではじめに田植えをするところ(一番田)では、田の神をむかえて豊作を祈願する行事をおこなった。

夏越の祓

　旧暦で6月から7月への切りかえを「夏越」という。夏越の祓は、人の罪やけがれをはらい清める行事で、大祓ともよばれ、各地の神社でおこなわれる。大祓は年に2回あり、6月30日を「夏越の祓」、12月31日を「年越の祓」(→14ページ)という。夏越の祓では、人の形に切った木や紙の「人形」でからだをなでることで、罪やけがれを人形にうつしてはらい、川などに流す行事をおこなうところがある。また、茅でつくった大きな輪(左)をくぐり、健康と長寿を願う「茅の輪くぐり」は、今日にもよく伝わっている。

七夕の節供

七夕は、旧暦では秋のはじめの行事だが、現代の暦では夏の行事になる。この日は短冊に願いごとを書いて笹にかざり、願いがかなうように星にいのる。
七夕は、天の川をはさんではなれ離れになっている牽牛星（彦星）と織女星（織り姫）が1年に一度だけ再会できる日とされている中国の「星祭り」にちなんだもの。奈良時代に日本に伝えられたが、当時の貴族の女性たちは、織り姫にちなんで、裁縫や手芸の上達を星にいのるようになった。江戸時代には、いまもおこなわれているように、笹に短冊をかざるようになり、庶民のあいだにも広まっていった。

仙台七夕七つかざり

藩祖伊達政宗の時代から400年の伝統にささえられた、「仙台七夕まつり」のかざりつけ。それぞれには、次のような意味がある。

① 短冊　学問や書道の上達への願いをこめる。
② 紙衣　病や災いなどの身代わりとする。また、裁縫の上達を願う。
③ 折りづる　家内安全と健康長寿を願う。
④ きんちゃく　商売繁盛を願う。
⑤ 投網　豊漁、豊作を願う。
⑥ くずかご　身のまわりの清潔や、ものをたいせつにする心を願う。
⑦ ふきながし　織り姫の織糸を象徴。はた織りの上達を願う。

盆とご先祖

盆は、旧暦の7月13日から15日、ないしは16日（新暦で8月中旬）にかけて、先祖の霊を家にむかえ、供物を供えて供養する行事。仏教を開いた釈迦が、弟子のひとりから、餓鬼道という世界に落ちて苦しんでいる母親の霊を救う方法をたずねられたところ、「7月15日に法会をせよ」と教えた。そこから、7月15日は先祖供養のたいせつな日になったと伝えられている。しかし、民間に広まった盆行事は、仏教色がうすく、むしろ祖霊崇拝の伝承が見られる。なお、東京を中心にした一部の地域では、新暦の7月15日を中心に盆行事がおこなわれている。

むかえ火は先祖の霊が帰ってくるときの目印、送り火はしっかりと見送っているという証となる。

仏壇には故人の好きだった花や食べ物のほか、先祖の霊が行き来するのり物として「キュウリの馬」（俊足な馬にのってあの世から早く家にもどってこられるように）と「ナスの牛」（歩くのがおそい牛にのって少しでもこの世から帰るのをおくらせるように）を供えるところもある。

山開き

山開きとは、その年はじめて登山・入山がゆるされる日のことです。古来日本では、神仏をまつる霊山は、修行僧や神事にまつわる人しか入れない禁足地として守られてきました。江戸時代には期間をかぎり、登って参拝することがゆるされるようになったため、登山の幕開けの儀式として、道中の安全を祈願する山開きがおこなわれるようになりました。いまも富士山をはじめ、日本各地の霊山で宗教儀式としての山開きがおこなわれています。

四国の霊峰といわれる石鎚山の「お山開き」とよばれる神事。全身白装束の装いで参加する。

秋の行事

秋は稲をはじめ穀物の収穫時期にあたる、たいせつな季節です。とくに9月は、二百十日や十五夜、秋の彼岸など初秋の季節を感じられる行事が次つぎとめぐってきます。

重陽の節供

9月9日は、重陽の節供。旧暦の9月9日は新暦の10月中ごろにあたり、菊の花が美しくさく時期なので、「菊の節供」ともよばれている。中国では、9がもっとも縁起のよい数字であり、9がかさなる9月9日は、とくにめでたい日とされていた。平安時代に日本に伝わり、宮中の儀式として取りいれられた。江戸時代には幕府によって公的な儀式とされ、菊の花をうかべた酒を飲み、栗を使った料理を食べてお祝いをし、長寿を願う行事となった。やがて民間まで広まり、「栗節供」ともよばれたように、その日は栗ご飯を食べるところが多く見られた。また、秋の収穫の季節だったため、豊作を祝う「くんち（9日）」という秋祭りをいっしょにおこなう地方もあった。九州での「唐津くんち（→86ページ）」や「長崎くんち（→87ページ）」などが、それにあたる。

菊の花をひたした「菊酒」を飲む。

栗ご飯は、秋の味覚でもある。

十五夜

旧暦の8月15日を十五夜、または「中秋の名月」という。新暦では9月中旬から下旬にあたる。十五夜には、満月を鑑賞する行事がおこなわれる。丸い月見団子と魔除けの力があると信じられていたススキを月に供え、月見をたのしむ。収穫時期にあたるため、収穫を感謝する行事ともなった。たとえば、その収穫を祝ってのつなひきが各地でさかんにおこなわれた。つなひきには、豊作うらないの意味があり、勝った側によって、稲作か畑作のどちらかが豊作、などとした。

十五夜のお供え

①ススキ／地方によっては、稲穂がまだ実っていないので、稲穂に見立ててお供えするともいわれる。
②その時期にとれた野菜やくだもの／収穫を祝い、感謝する意味。十五夜は別名で「芋名月」ともよばれているため、収穫されたばかりの、さといもやさつまいもなどのいも類もお供えする。
③団子／満月に見立てて、丸い形の団子をお供えする。大きさは十五夜にちなんで一寸五分（約4.5cm）が縁起がよいとされる。数は12個、13個、15個など諸説ある。ピラミッド型にもることで、その先端が霊界につうじ、収穫の感謝の意を伝えているといわれている。

二百十日

立春からかぞえて210日目、9月1日ごろを二百十日といいます。この時期は、稲の花がさき、実をつけるという、農家にとってたいせつなときですが、日本列島に次つぎと台風がやってくる時期でもあります。台風で農作物が被害を受けてしまうことがよくあるため、二百十日は厄日とされ、警戒されてきました。農村部では、農作物を風雨の被害から守り、豊作を願うため、風をしずめる風祭りが各地でおこなわれます。

おわら風の盆／
富山県富山市八尾地域
（→52ページ）

冬の行事

新年をむかえる準備などをはじめ、正月にまつわるさまざまな行事がつづきます。とくに三が日から小正月にかけては、家庭でもたくさんの風習がおこなわれる期間となっています。

旧暦10月の亥の日につくられる亥の子もち。「玄猪もち」ともよばれる。

愛媛県宇和島市吉田町でおこなわれている亥の子。うたをうたいながら、ロープをまきつけた石で地面を打つ。

旧暦10月の最初の亥の日におこなわれる行事。おもに関西から中国地方にかけて、伝統行事としてつづいている。亥の子もち（穀類をまぜこんだもち）をつくって食べ、無病息災をいのる。子どもたちが地区の家の前で地面をついてまわる「地つき」をおこなうところもある。由来は明らかではないが、農村では稲の刈り入れが終わった時期でもあり、地下の悪霊をしずめるとか、田の神（亥の子神）を天（または山）に帰すためにおこなうともいわれている。

七五三

親が子どもに長寿の願いをかける「千歳あめ」。

いまでも七五三で神社にお参りにいく人は多い。

旧暦の11月は収穫を終えてその実りを神に感謝する月であり、その月の15日は、「鬼宿日（鬼が出歩かない日）」で、なにごとをするにも吉であるとされていた。そこで、氏神への収穫の感謝をかねて、子どもの成長を感謝し、加護をいのるのが、七五三の行事となった。3歳の「髪置」（髪をのばしはじめる儀式）、5歳の「袴着」（男児がはじめて袴を身につける儀式）、7歳の「帯解（紐解）」（女児が着物の紐を大人用にかえる儀式）に由来する。江戸時代の武家社会から広まった由来である。

冬至のまじない

冬至は二十四節気（→6ページ）のひとつ。一年のうちでもっとも夜が長い日で、12月22日ごろにおとずれる。農閑期に入り、いわゆる冬枯れが始まっている。むかしの人は、食物が手に入りにくく夜が長い冬は、生命が終わる時期だと考えていた。冬をのりきるために、その強い香りが邪気悪霊をはらうとされる「ゆず湯」に入ったり、かぼちゃ＊を食べたりして無病息災をいのるさまざまな習慣が伝えられている。

＊かぼちゃは、冬にも食べられる貴重な野菜。冬至にかぼちゃを食べると風邪をひかないといわれた。

ゆず湯に入ると、一年じゅう、風邪をひかないともいわれている。

年越の祓

「みそか」とは月の最後の日のこと。とくに一年の最後の日にあたる12月のみそかを大みそかとよぶ。大みそかの前までには、大そうじである「すすはらい」をし（これを「ことはじめ」といった）、門松やしめなわをかざり、歳神をむかえる準備をするのがならわしだった。神社では、一年の罪やけがれをはらい清めるために「年越の祓」という儀式がおこなわれる一方、寺院では深夜の０時前後から除夜の鐘が鳴らされる。

除夜の鐘を108回つくのは、仏教では人には煩悩という欲望が108つあると考えられているから。除夜の鐘をつくことで、煩悩を一つひとつ取りのぞくことができると考えられている。

年の瀬の市

東京では11月の酉の日にもよおされる「酉の市」がよく知られています。大黒や恵比寿のお面、小判、鯛などをとりつけた熊手が売られます。熊手はそうじで枯れ葉や枯れ草をかき集めるのに使われることから、「お金が集まる」「客が集まる」などに通じるとして、商売繁盛の縁起物とされてきました。

東京の酉の市にくらべられるのが、関西の「戎祭り」での市です。戎は、恵比寿神のこと。もとは漁業神であり、漁民が余剰の魚介類を販売するために行商に出るようになり、商売繁盛を願いました。「十日戎」といって、1月9日から11日に市が立ちます。関東での熊手が関西では笹となり、この日は縁起物をとりつけた笹を多くの人が買いもとめていきます。

酉の市の熊手（上）と十日戎の福笹（下）。

正月

正月は、「歳神」をむかえ、その年を祝う行事で、年中行事のなかでももっとも重要視されてきた。正月行事の「ことはじめ」は、12月なかばの「すすはらい」、「ことじまい」は正月のかざりものをすべてたきあげる1月なかばの「左義長」に象徴される。正月行事は、元日をはさんでほぼ1か月におよぶ。歳神は大みそかの夜半におとずれるとされるが、一般には初日の出とともに新年を祝う。そして、1月15日の小正月の左義長（火祭りの行事）のけむりにのって山へ帰っていくといわれている。

正月のかざり

① 門松　歳神がやってくるときの目印として、家や門の出入口にかざる。

② しめかざり　新しいわらでつくったかざり。歳神をむかえてまつる。縁起物をあしらい、玄関など家の入口にかざる。

③ かがみもち　歳神への供えもの。三宝とよばれる四角い台に半紙をしき、もちをのせて縁起物をそえる。

小正月と左義長

元日を大正月とよぶのに対して、1月15日を小正月という。旧暦（→7ページ）では、新月の1日を「朔」、満月の15日を「望」とした。むかしは1月15日は「望の正月」として祝われたのだ。小正月を「かがみ開き」とするところも多く、かがみもちをわり、左義長*の火で焼いて食べる。かがみもちの霊力にあやかって、無病息災をいのってのことだ。左義長では、正月のかざりもの（門松やしめなわなど）を焚きあげ、焚きあげたけむりにのって歳神が山に帰るともいう。この小正月の左義長をもって、正月の「ことじまい」とされる。現在は、一般には正月をここまで引きのばすことをしなくなって久しい。

＊地域によって、よび方がことなる。「トンド」「どんど焼き」「サエノカミ」など。

テーマ2 子どもの健全な成長を祝い、願う
日本各地の子どもの日の祭り

5月5日には、子どもが主役になる祭りが各地でおこなわれます。「こどもの日」が定められたのは1948(昭和23)年ですが、端午の節供にちなみ、古くからつづいている行事もあります。

関東の奇祭

❶栃木県 間々田のジャガマイタ

通称「蛇まつり」。田植えを前に、豊作と疫病退散を祈願する祭り。主役となるのは子どもたちで、長さ15mをこえる竜頭蛇体の巨大な蛇をかつぎ「ジャーガマイタ、ジャガマイタ」のかけ声とともにまちじゅうをねり歩く。わらや藤づるなどで蛇体をつくるのは、町内の子どもたち。中学生をリーダーに、大人たちの指導を受けながら、祭りの2〜3日前からおこなう。役目を終えた蛇は、大人たちの手によって解体され、ふたたび森や田へ返される。400年近くつづく祭りだといわれているが、その起源をしめす資料は見つかっていない。
[小山市／5月5日]
※1955(昭和30)年ごろまでは、花祭りの日におこなわれていた。

強運とされた武将にあやかる

❷東京都 覚林寺の清正公大祭

戦国武将であり、豊臣秀吉の家臣だった加藤清正をまつる日蓮宗の寺院、覚林寺で100年以上つづく祭り。祭りの期間中は、加藤清正の強運にあやかり、「勝負や苦悩に打ち勝つ」との思いがこめられた菖蒲の葉が入った勝守が授与される。こどもの日にちなんだ開運出世祝鯉(紙製のこいのぼり)のお守りも人気が高い。[港区／5月4日〜5日]

あらゆる勝負に勝つという意味がこめられているお守りの勝守(左)と開運出世祝鯉(右)。

子ども版の流鏑馬*

③滋賀県 竹馬祭（たけうまつり）

毎年5月3日に今市地区の佐々木神社、5月5日に辻沢地区の若宮八幡神社でとりおこなわれる。幼児から中学生までの男児が竹でつくった馬にまたがり、流鏑馬などの神事を奉納し、五穀豊穣を願う。[高島市／5月3日〜5日]

＊走る馬上から的に矢を射る、日本の伝統的な儀式。6世紀ころ、天下泰平、五穀豊穣を祈願しておこなわれたのがはじまりとされる。武芸のほこりと、それに見あう命がけの覚悟をともなうものだった。

獅子退治の大名行列

④福井県 したんじょう

400年以上前から伝わる行事。そろいのはっぴを着た子どもたちが獅子を退治した大名行列を再現する。先駆、ほら貝、殿様、大傘もち、挟箱、曳子、獅子かつぎ、尻尾もちの順で総勢20余名の行列となる。「したんじょう」は大名行列の先払いが「下に、下に」と庶民に道ばたにひかえることをうながしたかけ声がなまったものと考えられている。[福井市／5月5日]

菖蒲で邪気はらい

たたき棒は、毎年新しくつくりなおされる。

⑤秋田県 女川の菖蒲たたき（おんながわ しょうぶ）

旧暦5月4日の夕方に中学生までの男子によっておこなわれる行事。男の子たちが、たたき棒という、菖蒲と蓬を稲わらでつつみ、なわでかたく巻いた棒をもって集まり、訪問した家に着くと「わかい菖蒲いいですか？」とあいさつしたあとに、はやしながら合計11回、玄関先の地面を思いっきりたたき棒でたたいて邪気はらいをする。家の人からご祝儀をもらい、次の家へとむかう。[男鹿市／6月]

子どもが主役の年中行事

年中行事のなかには、子どもが主役の行事がいくつかあります。全国的に共通し、代表的なのが、小正月の左義長（どんど焼き→15ページ）です。雪国でのかまくら（→34ページ）や、西日本でのひな流しなどもよく知られています。4月8日の花祭り（→9ページ）や、10月の亥の子の地つき（→13ページ）も、子どもが中心になって動きます。地域社会のなかに子どもたちが組織だってはたらき、そこで小銭や菓子を得る行事が組みこまれていたのは、子どもたちが世間の秩序を知る、その訓練の場でもあったとも考えられています。

テーマ3 踊りうたって先祖を送りだす
日本各地の盆踊り

盆踊りは、もとはしめやかに祖霊を慰撫する（なでてなぐさめる）ものでしたが、時代を経てにぎやかな踊りにもなり、先祖の霊を送りだすとともに、送る人も踊ることで災厄をはらうためのものになりました。

日本三大流し踊り

盆踊りは、踊りを表現する方法によって3つに分けられる。「流し踊り」は大人数で隊列を組んでまちなかを流してすすむ、行進型の踊り。ほかに、やぐらを囲んで輪になって踊る「輪踊り」と、舞台で踊る「舞台踊り」がある。三大流し踊りは、まちなかを流してすすむ盆踊りとして、規模も大きく、見応えのあるものとなっている。

❶岐阜県 郡上おどり

踊りは7月中旬〜9月上旬まで、町内のあちらこちらで縁日祭りとしておこなわれる。とくに8月のお盆には、夜をてっして踊りあかす。[郡上市／7月〜9月]（→57ページ）

❷徳島県 阿波おどり

祭りの期間中はまちじゅうに阿波おどりのお囃子がひびく。踊り子や観客数で国内最大規模をほこる。[徳島市／8月12日〜15日]（→78ページ）

❸青森県 黒石よされ

500年から600年前に始まり、江戸時代の天明期のころ（1781〜1789年）にさかんになった。現在の黒石よされは、約3000人の踊り子の流し踊りでまちじゅうをねり歩く。ときに円をえがきながら踊る輪踊りでは、観客も飛び入りで参加できる。[黒石市／8月15日〜16日]

念仏踊り／踊り念仏

現在の盆踊りは、盂蘭盆会に先祖の霊を供養するために踊られるもの。もとは、念仏をとなえながら踊る仏教儀礼だった「踊り念仏」が、踊り手と歌い手が分かれて民衆の娯楽のためにおこなう「念仏踊り」となり、時期をえらばずにおこなわれていた念仏踊りが旧暦7月の盂蘭盆会に特化されて定着していったといわれている。

起源は江戸時代までさかのぼるが由来は諸説ある。太鼓には紺地に白ぬきで「南無阿弥陀仏」とそめぬかれた布がまかれる。
[いわき市周辺／8月13日～15日] (→36ページ)

❹福島県 じゃんがら念仏踊り

❺大分県 姫島盆踊り

鎌倉時代の念仏踊りから発展したものといわれている。
[姫島村／8月15日ごろ] (→89ページ)

❻沖縄県 エイサー

起源にはいろいろな説がある。東北出身のひとりの浄土宗の僧侶が広めた念仏踊りにいきつくという説もある。
[沖縄県内各地／7月～9月]
(→92ページ)

よみがえった踊り

ささら踊りは、江戸時代以前からあった七夕踊りと江戸時代初期にさかんだった小町踊りの流れをくんだ女性の踊り。竹を使ってつくった楽器ササラと小太鼓を伴奏として踊る。明治時代の盆踊り禁止令や大正12年の関東大震災の影響で一時はとだえてしまったが、有志によって踊りはよみがえり、現在は神奈川県西部に広く分布している。

❼神奈川県 ささら踊り

足柄ささら踊りは国の選択無形民俗文化財に、相模のささら踊りは県の無形民俗文化財に指定されている。[神奈川県各地／8月～9月]

踊り手が顔をかくすのは？

「亡者踊り」とよばれる西馬音内盆踊りは、約700年前の鎌倉時代に始まったと伝えられています。野性的な囃子の音色と対照的な優雅な踊りが特徴です。かがり火が焚かれるまちなかで開催され、麻やもめんなどの黒い布でつくられる「彦三ずきん」をかぶった踊り手は、死者に依りつかれないための仮装をしているともいわれています。

盆行事には、顔をかくして参加するものもあります。これらは、もどってきた先祖や死者の霊を表現しているといわれています。
[羽後町／8月16日～18日]

❽秋田県 西馬音内盆踊り

テーマ4 神さまがのったり宿ったりするもの
日本各地の神輿や山車

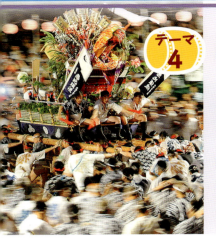

祭りのときに、かざりをつけて大人数で曳く屋台を山車、かつぎあげて人力のみで渡御するものを神輿（もしくは御輿）といいます。山車が西日本の祭りで多く登場するのに対し、神輿は関東地方の祭りに多く登場しています。

神輿

神輿は、神体または神霊をのせて、町内をねり歩くのり物という意味です。神輿にはかならず鳥居がつけられていて、神社を模したものになっています。台には棒をたてにつらぬいてかつぎ棒とします。通常はかつぎあげて移動しますが、台車にのせて曳くものなどをさすこともあります。かついだときにはげしくゆするのは、神さまをめざめさせ、願いをかなえてもらうためだといわれています。

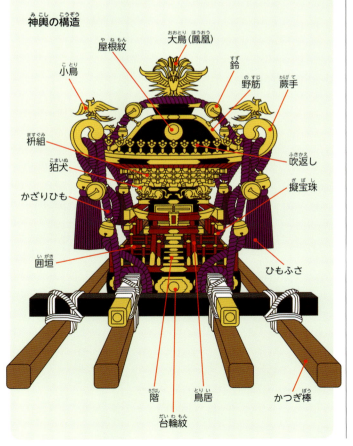

神輿の構造

❶東京都 神田祭の本社神輿と町神輿

神田祭は、江戸幕府開府以降、徳川家に保護されるようになり発展してきた祭り。最大の見どころは、100基をこえる町内ごとの町神輿が各地区を巡行し、神田明神にのりこむ「神輿宮入」。迫力あふれる神輿かつぎを見ることができる。[千代田区／奇数年の5月]（→45ページ）

❷東京都 深川八幡祭りの町神輿

富岡八幡宮の例祭で、沿道の観衆から神輿のかつぎ手に水がかけられることから「水掛け祭」の別名がある。3年に一度、八幡宮の御鳳輦が渡御をおこなう年は本祭りとよばれ、大小あわせて120数基の町神輿がかつがれ、そのうち大神輿ばかり54基が勢ぞろいしていっしょに渡御するさまは、この祭りならではのものとなっている。
[江東区／8月15日]

❸東京都 鳥越神社の千貫神輿

鳥越神社の例大祭では、猿田彦（天狗）や子どもたちのもつ5色の旗に先導され、千貫神輿*といわれる都内一の重さの大神輿がかつがれる。夜には提灯をつけた元祖提灯神輿が鳥越神社に宮入りする。
[台東区／6月の土・日曜]

＊1貫は銀貨1000枚の重さで、平均して3.75kg。

❺和歌山県 那智の火祭りの扇神輿

扇神輿は、熊野那智大社の例大祭で、正式には「扇祭り」とよばれる祭りに登場する。1年に一度、12体の神さまを、御滝の姿をあらわした高さ6mの扇神輿12体にうつし、熊野那智大社から御滝まで渡御し、御滝の前に奉納する。[那智勝浦町／7月14日]（→68ページ）

❹神奈川県 浜降祭の神輿

夜明けとともに大小あわせて39基の神輿が茅ヶ崎海岸に集合。「どっこい、どっこい」という独特のかけ声とともに、神輿ごと海に入り乱舞する。神輿が海に入るのは、心身を清めるみそぎの意味があるとされる。[茅ヶ崎市／7月の海の日]

御旅所とは？

御旅所とは、神社の祭礼で神さまが御神幸（巡行）するときに立ち寄る場所＝休憩所であり、仮の宿泊施設でもあります。御旅所は、1か所とはかぎらず、大きな神社では複数存在するところもあります。御旅所に神輿がおさめられているあいだは、神社には神さま不在ということになります。

山車

山車は、祭りの際に曳いたりかついだりする演し物の総称です。神輿と同じように、祭りの期間、神さまの依りしろとして、神社のまわりの各まちが用意するものです。もともとは、山や岩、木などに神さまが鎮まるといわれていることから、小さい山を町内にきずいたことが山車のはじまりだといわれています。その後、めでたい模様やはなやかな装飾がほどこされ、奏者や演者がのれるようになり、町内をまわれるように車輪がつけられるようになりました。地方によって、曳き山、祭屋台、だんじり（地車）、傘鉾などともよばれ、形もさまざまです。

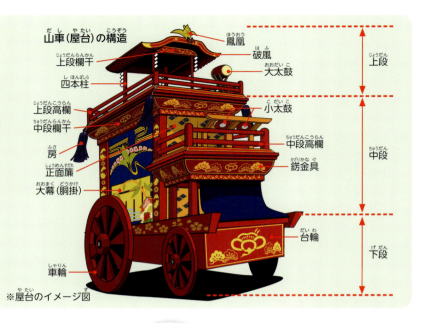

山車（屋台）の構造：鳳凰、破風、大太鼓、上段欄干、四本柱、上段高欄、中段欄干、小太鼓、房、中段高欄、正面簾、錺金具、大幕（胴掛）、台輪、車輪／上段・中段・下段

※屋台のイメージ図

❶茨城県 日立風流物の笠鉾

茨城県日立市の鎮守、神峰神社に伝わる、高さ15m、幅8m、重さ5tの山車。1695（元禄8）年、徳川光圀の命によりおこなわれた神峰神社の大祭礼に山車がくりだされたことに始まる。山車の上の5層の屋根が開き、5段の舞台でからくり人形が演じられる。山車のなかには約10人の囃子方や約30人の操り方がのりこみ、200人以上の曳手が山車を曳く。[日立市／4月]（→40ページ）

❷岐阜県 高山祭の屋台

「動く陽明門」ともよばれる、高山祭の屋台。たくみな人形の動きを披露するからくり奉納や、しかけがほどこされたもどし車など、豪華絢爛な屋台が姿をあらわす。夜になると、各屋台はそれぞれ100個にもおよぶ提灯をともし、夜のまちをねり歩く。京都の祇園祭、埼玉県秩父市の秩父夜祭（→43ページ）とならんで、日本三大曳山祭のひとつとされている。[高山市／4月、10月]（→57ページ）

❸京都府 祇園祭の山鉾

山鉾には、「山」と「鉾」の2種類がある。鉾は、屋根に長い鉾をつけ、直径2mの車輪がつき、2階に囃子方をのせている。山は、屋根の上に松の木をつけていて、演し物を演じる数人がのることはあっても、囃子方ほどの大人数はのせていない。車輪がつき、40〜50人ほどの曳手がひっぱっていくものを「曳山」、神輿のようにかつぎ手がかついでいるものを「かき山」という。[京都市／7月]（→64ページ）

❹大阪府 岸和田のだんじり

だんじりは漢字で「地車」と書く。町内に1台ずつあり、それぞれ形やほりものに特徴がある。大きな屋根の上には「大工方」とよばれる人がいて、とんだり片足立ちをしたりして、踊りを見せる。だんじりは、町内のきめられたコースを何周もかけめぐり、最後には神社におまいりする。およそ4t（ゾウの体重ほどの重さ）もあるだんじりを曳き歩くために、いろいろな役目の人が力をあわせている。
[岸和田市／9月、10月]（→65ページ）

❺福岡県 博多の祇園山笠

九州北部では、御霊を宿らせるもののことを「山笠」や「ヤマ」とよぶ。山笠には、運行にもちいる「かき山笠」と、かざっておくだけの「飾り山笠」がある。もともとは、両者の区別はなかったが、電信架線の整備により山笠が電線を切断してしまう事故が相次ぎ、祭りをつづけるためにやむをえず山笠の高さを低くしたことから、現在の「かき山笠」の形が定着した。どちらもなにをかざっているかをあらわす、テーマを書いた表題がついている。
[福岡市博多区／7月]（→85ページ）

祭囃子とは？

祭囃子は、祭りのときに演奏される音楽です。山鉾や山車、屋台、だんじりなどの上でも演奏されます。笛（能管）と太鼓、鉦などの楽器を使って、人びとの心をはやしたてます。祭りによって伝えられてきた曲調がことなるうえに、同じ祭りのなかでも地区によって調子が変化している傾向が多く見られます。

テーマ5 おそろしいけれど、幸福をもたらす 祭りに登場する神さま

年の節目には神がおとずれると信じられていたことから、小正月や節分に神さまが登場する祭りが多くおこなわれています。神さま役のほとんどは男性で、仮面をかぶるなどさまざまな仮装をします。

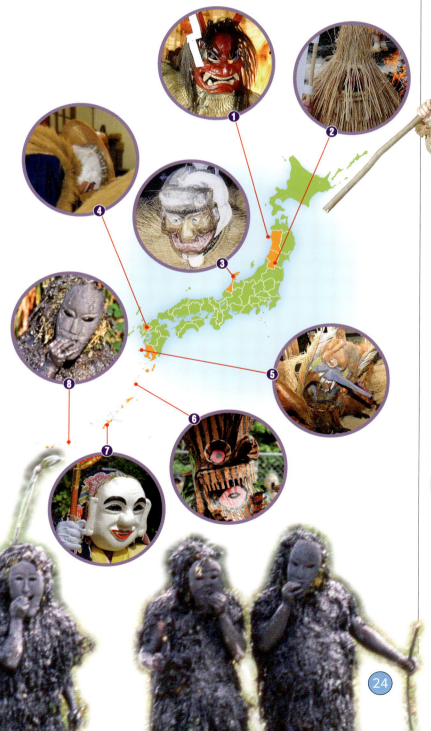

❶秋田県 男鹿のなまはげ

なまはげは、1年に一度やってくる歳神のこと。わらでつくったケラミノやケダシ、すねぬのをつけて、素足にわらぐつをはき、手に木製の包丁をかかえて、「泣く子はいねぇが（泣く子はいないか）」「わりい子はいねぇが（悪い子はいないか）」などと声をはりあげ、地域の家いえをめぐる。冬に囲炉裏で長く暖をとっていると手足に火型ができる。これを方言で「ナモミ」といい、なまけ心をいさめるための「ナモミはぎ」が「なまはげ」になったといわれている。[男鹿市／12月31日]（→34ページ）

❷山形県 上山の加勢鳥

江戸時代初期から伝わる旧暦小正月の行事。「ケンダイ」というわら蓑をかぶり、神の化身である加勢鳥に扮した若者が「カッカッカーのカッカッカー」とかけ声をかけながら、まちをねり歩く。住民たちは、加勢鳥に手おけから祝いの水をかけ、五穀豊穣や商売繁盛などをいのる。[上山市／2月11日]

❹佐賀県 見島のカセドリ

未婚男性ふたりがカセドリ（神からつかわされたつがいのニワトリ）となり、地区内の家を順にめぐる。いきおいよく家のなかに飛びこむと、手にもった青竹をはげしくたたみや床に打ちつけて悪霊をはらい、その年の家内安全や五穀豊穣を祈願する。もともとは旧暦の1月14日におこなわれていた、小正月の行事。[佐賀市／2月の第2土曜]

❸石川県 能登のアマメハギ

アマメとは火だこのこと。囲炉裏のそばに長時間いるようななまけ者をいましめる役割がある。来訪神であるアマメハギは若者や子どもが担当し、面やみのを着け、手に包丁などをさげて、「なまけ者はおらんか……アマメー、アマメー」とさけびながら家いえをたずねる。おはらい後には、家の人からもちをもらって退散する。[能登町／2月3日]

❺鹿児島県 甑島のトシドン

トシドンは、大みそか（12月31日）の夜に家をおとずれる来訪神。甑島では、天空や高い山、岩の上から首のない馬にのってやってくるといわれている。シュロの皮やソテツの葉をまとってトシドンになった男性たちが、子どものいる家をおとずれ、日ごろのおこないをほめたりさとしたり、歌をうたわせたりする。最後に「年もち」とよばれる大きなもちをあたえて去っていくのがならわし。[薩摩川内市／12月31日]

⑥鹿児島県 悪石島のボゼ

ボゼとは、お盆の終わりにあらわれるとされる来訪神のこと。土と墨でぬられた仮面とヤシ科の植物ビロウの葉を腰に巻いたボゼが、盆踊りの会場となっている広場をおとずれ、女性や子どもを長い棒をもって追いまわす。棒の先端についた赤いどろ水をすりつけられると、悪霊ばらいのご利益があり、女性は子宝にめぐまれるとされる。
[十島村／8月]

⑦沖縄県 ミルク

ミルクは、弥勒菩薩の「ミロク」が沖縄方言に変化したものだといわれている。弥勒は、海の向こうから五穀豊穣・幸福をもたらす神さまとされ、豊年祭、節祭、結願祭などに出現する。[沖縄県内各地／不定期]

⑧沖縄県 宮古島のパーントゥ

パーントゥは、来訪神。神聖な泉の底からとれるどろをぬりたくってやってくる。このどろが、人間にまとわりついている悪霊を連れ去ってくれると伝えられている。
[宮古島市／11月ごろ]（→92ページ）

パート2
47都道府県(とどうふけん)の祭(まつ)りと伝統行事(でんとうぎょうじ)

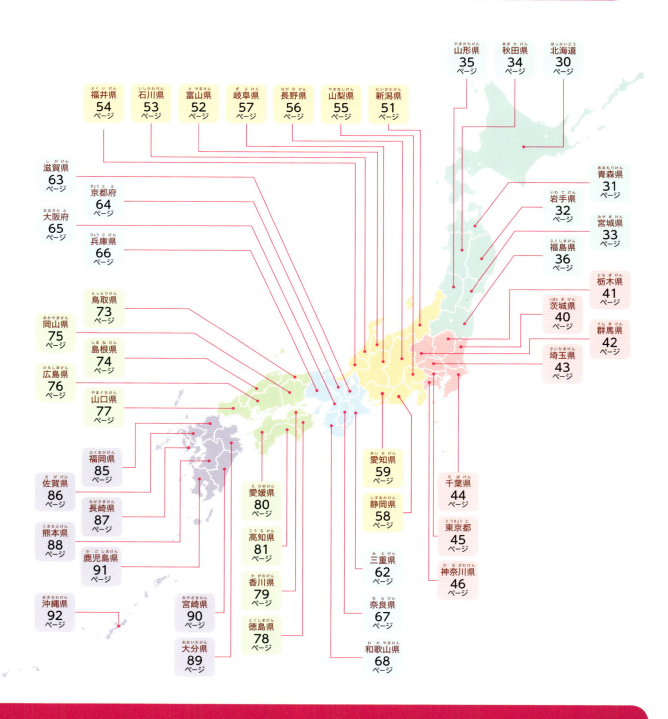

北海道・東北地方 地域の特性と伝統行事

秋田県
面積：11,638km²（全国6位）
人口：104万人（全国38位）
県花：フキノトウ
県鳥：ヤマドリ

山形県
面積：9,323km²（全国9位）
人口：113万人（全国35位）
県花：ベニバナ
県鳥：オシドリ

北海道
面積：83,424km²（全国1位）
人口：540万人（全国8位）
道花：ハマナス
道鳥：タンチョウ

青森県
面積：9,645km²（全国8位）
人口：132万人（全国31位）
県花：リンゴ
県鳥：ハクチョウ

岩手県
面積：15,275km²（全国2位）
人口：128万人（全国32位）
県花：キリ
県鳥：キジ

宮城県
面積：7,282km²（全国16位）
人口：233万人（全国14位）
県花：ミヤギノハギ
県鳥：ガン

福島県
面積：13,784km²（全国3位）
人口：194万人（全国20位）
県花：ネモトシャクナゲ
県鳥：キビタキ

※人口は平成26年10月1日現在

北海道

日本の最北端にある北海道には、古来、アイヌ民族がくらしていました。13世紀以降、本州から倭人が移り住み、アイヌ民族と交易をおこなうようになりました。明治時代に入ると、明治政府が開拓使を設置（1869年）。札幌をはじめとする都市建設や米国式大規模農牧業の振興につとめたことで、本州から移住する開拓者がふえるとともに、アイヌ民族の人口が激減するなかで、アイヌ民族独自の祭りや行事が受けつがれていきました。

網走市に伝わる「オロチョンの火祭り」。神と通じあうことのできるシャーマンが登場し、かがり火をたきながら祈祷。人びとはアイヌの民族衣装に身を包み、炎を囲んで踊る。

青森県

本州のもっとも北に位置する青森県は、戦国時代には西の津軽地方を大浦為信（のちに津軽氏と改名）が制したのに対し、東部は南部氏の支配下にありました。奥羽山脈が東西を分けていることもあり、津軽と南部は、対立するものではありませんが、文化的にことなっています。

富士山にもにたすがたから「津軽富士」とよばれている岩木山。青森県最高峰であり、津軽の人びとの信仰を集めてきた霊山として知られている。

宮城県

宮城県は、東北地方の中部、太平洋側に位置しています。県庁所在地の仙台市は、江戸時代に伊達政宗を藩祖とする仙台藩が藩庁をおいた場所です。城下町周辺の農村には、田植え踊りの組があり、江戸時代から昭和のはじめごろまでの小正月前後は、各集落がたがいに招待しあって踊りに明けくれていたといわれています。

かつて仙台城があった場所に建てられた伊達政宗の騎馬像。

山形県

山形県は、東北地方の南西部にある県です。秋田県と同様に伝統的な民俗芸能が数多く伝承されています。寒河江市の「日和田弥重郎花笠田植踊」や新庄市萩野地区の「萩野鹿子踊」など、舞踊系のものが多くみられます。神社に奉納される「黒川能」や「黒森歌舞伎」も知られています。

奈良の東大寺や興福寺の大法会のあとの余興芸がはじまりとされる「延年」の舞いは、各地に伝わり風流系の芸能として広まった。酒田市の「新山延年舞」は、それを今日に伝える数すくない例。

岩手県

青森県の南東に位置する岩手県は、面積が本州最大で、四国全体にも相当します。平安時代には奥州藤原氏が都（京都）をしのぐほどの寺院群を築き、南部にある平泉を中心に、仏教文化が栄えました。近世には、県北部を南部氏（盛岡藩）、県南部を伊達氏（仙台藩）が支配し、両藩の気風のちがいが、住民の気質や生活文化にも強い影響をあたえてきました。

奥州藤原氏の初代が建てた、平泉の中尊寺。藤原氏の栄華の粋をきわめた寺として有名だ。

秋田県

秋田県は、東の県境に奥羽山脈が縦走し、西は日本海に面しています。県内各地にさまざまな伝統行事や祭りが伝えられていて、「秋田竿灯まつり」のような大規模なものから、「なまはげ」や「かまくら」、「雪中田植え」のように集落ごとにおこなわれる民俗行事まで、さまざまです。

毎年2月に開かれる大館市のアメッコ市。「この日にアメを食べるとかぜをひかない」と、1588（天正16）年ごろから始まったといわれる民俗行事が、現在のように開催されるようになった。

福島県

福島県は、東に阿武隈高地、西に奥羽山脈が南北に走ることから、太平洋側から浜通り・中通り・会津の3つの地区に分けられます。各地区にはそれぞれの気候・風土を生かした「田植え踊り」や「神楽」など多くの伝統芸能が伝えられています。2011年の東日本大震災と原発事故の発生で伝統行事や祭りなどの継承の危機に直面しましたが、次第に復活のようすをみせています。

県内各地に分布する獅子舞。3匹一組の三匹獅子の奉納によって氏子の安全とはやり病が去ることをいのる三匹獅子舞は、江戸時代からの伝統が受けつがれている。

北海道

北海道で伝統的な行事や祭りといえば、アイヌ民族のものがあげられます。一方で、江戸時代にニシン漁で栄えた道南の祭りや、明治時代以降に本州から移住した人たちが運んできたふるさとの祭り、さらには地域振興のための祭りなどもおこなわれています。

さっぽろ雪まつり

大小の雪氷像を展示する雪と氷の祭典。札幌市街を東西に走る大通公園をはじめ、市内3か所で開催される。1950（昭和25）年に、地元の中・高校生が6つの雪像を大通公園に展示したのがはじまり。[札幌市／2月上旬]

国内外から約200万人がおとずれる。

沼田町夜高あんどん祭り

開拓者のふるさと、富山県・砺波の祭りを、沼田町の創立80年記念にあたる1965（昭和40）年に伝承。極彩色にいろどられたあんどんが夕方から点灯され、市内をねり歩く。大型あんどんは、高さ7m、長さ12mにもおよぶ。[沼田町／8月下旬]

北海道神宮例祭

北海道神宮は、1869（明治2）年に開拓の守護神をまつり創建された神社。例祭は「札幌まつり」としても市民に親しまれている。16日の神輿渡御では、平安時代の衣装をまとった1000人以上の人びとと4基の神輿が市内をねり歩く。
[札幌市／6月14日～16日]

江差・姥神大神宮渡御祭

江戸時代にニシン漁の基地として北海道一の繁栄をほこった江差でおこなわれる豊漁祈願の祭り。天狗の面をかぶった猿田彦の行列につづき、神輿と山車が巡行する。[江差町／8月9日～11日]

山車や囃子には、北前船で交流のあった上方の影響が見られる。

アイヌの人びとの熊送り

アイヌの人びとは、生きるものすべてにカムイ＝神が宿ると信じています。たとえば「熊送り（アイヌ語でイオマンテ）」という祭りでは、小熊が神の子とされます。つかまえた小熊をたいせつに育て、2年ほどたった冬の日をえらんで、神さまのもとへ送りかえす儀式をおこないます。アイヌ民族のあいだでは、熊はもっとも威力をもつ山の神と信じられてきました。この神が世界じゅうをたずね、数かずのもてなしを受け、やがて多くの供物をみやげとして山へ帰る、という信仰から、この祭りがおこなわれるようになったといわれています。

青森県

青森県を代表する祭りは、夏におこなわれるねぶた祭りです。県内各地でおこなわれ、短い夏を惜しむかのようにもりあがります。死者をよびだす恐山の「イタコの口寄せ」や、岩木山などへの登拝行事など、山にまつわる行事も数多くあります。

ねぶた／ねぷた

県内各地でおこなわれる七夕の行事。津軽地方では「ねぶた」、弘前市とその周辺では「ねぷた」とよぶ。祭りの名前と同じねぶた／ねぷたとよばれる、紙製の巨大なはりぼてが登場するのが特徴。青森市でおこなわれるねぶた祭りは東北三大祭りのひとつ。毎年200万人もの観光客がおとずれる。[青森県内各地／8月7日前後]

お山参り

「サイギ、サイギ」のかけ声で登る。

津軽地方で信仰の対象とされてきた岩木山に登り、山頂にある岩木山神社奥宮に五穀豊穣や家内安全を祈願して参拝する。当日は白装束に登山回数におうじた色とりどりの御幣*をもち、登山囃子が鳴りひびくなか山頂をめざす。[弘前市／9月1日]

＊神道の祭祀用具の一種で、2本の紙を細長い木にはさんだもの。

弘前さくらまつり

弘前城は、日本一ともいわれるサクラの名所。1715（正徳5）年、弘前藩士が25本のカスミザクラを植えたのが植栽のはじまりだ。明治時代以降に、さらにソメイヨシノが植えられ、1916（大正5）年には夜桜見物がおこなわれ話題をよんだ。[弘前市／4月]

恐山大祭・恐山秋詣り

恐山は、比叡山、高野山とともに日本三大霊山にかぞえられる。夏の大祭と秋詣りでは、イタコとよばれる巫女が、死者の魂をわが身におろし、そのことばを伝える「口寄せ」がおこなわれる。[むつ市／7月20日〜24日・10月上旬の三連休]

八戸えんぶり

冬のあいだ田にねむっている神をゆさぶりおこし、魂をこめるといわれる八戸地方の郷土芸能。「えんぶり組」とよばれる組によって踊られる舞は、種まきから収穫までのようすを表現したものといわれている。太夫とよばれる舞手が、馬の頭をかたどった烏帽子をかぶり、頭を大きく動かす独特の舞を披露する。[八戸市／2月17日〜20日]

岩手県

県内にあるたくさんの山は、豊かなめぐみをもたらすだけでなく、信仰の対象として親しまれ、さまざまな祭礼をうみだしてきました。また、世界遺産の平泉を築いた奥州藤原氏をしのぶ祭りなど、歴史をふりかえる祭りもおこなわれています。

毛越寺の摩多羅神祭・二十日夜祭

境内の常行堂に安置されている秘仏、摩多羅神の祭り。とくに20日は二十日夜祭とよばれ、常行三昧供という儀式や、延年舞、厄年の人びとが大根や白菜などのお供え物をささげる献膳行列などがとりおこなわれる。延年舞の最中には、見物人がさかんに悪態をつくしきたりがあり、悪口がひどいほど豊作になるといわれている。[平泉市／1月14日〜20日]

早池峰神社例大祭

8月1日は、神輿やほら貝をふく山伏、40体あまりの権現様の「お通り」など、長い行列が沿道をねり歩く。前夜に奉納される早池峰神楽（左）は、ユネスコの無形文化遺産に登録されている。[花巻市／7月31日・8月1日]

藤原まつり

春と秋に開催される。

平安末期、平泉を拠点にした大豪族、奥州藤原氏にちなんだ祭り。春祭りにのみおこなわれる「源義経公東下り行列」は、兄の源頼朝に追われた源義経一行が平泉にたどりつき、藤原秀衡の出むかえを受ける場面を再現する。[平泉町／5月1日〜5日・11月1日〜3日]

チャグチャグ馬コ

家族の一員として農耕馬をたいせつにしてきた地方らしい祭り。

稲作仕事の最盛期にあたる時期に、馬を連れて鬼越蒼前神社で無病息災を願い、祝宴をあげたのがはじまり。色あざやかな装束をまとった約100頭の馬と馬主は、滝沢市から出発し、盛岡八幡宮までの約13kmの道のりを行進する。[滝沢市〜盛岡市／6月]

江刺甚句まつり

300年の歴史がある「岩谷堂火防祭」を、市民が参加できるものにかえてつづけられてきた。当日は厄年の人が演舞を披露するほか、2000人を超える市民が踊りに参加する江刺甚句大パレードなど、多彩なもよおしがおこなわれる。[奥州市／5月3日・4日]

盛岡さんさ踊り

旧南部藩時代から受けつがれる盆踊り。盛岡市周辺の各地でおこなわれていたもので、地域によりふりつけや衣装がことなる。盛岡市の夏祭り「盛岡さんさ祭り」のパレードでは、各地域の踊りを見ることができる。[盛岡市／8月1日〜4日]

宮城県

仙台藩が屋敷などへの植林を奨励したことから「杜の都」とよばれる仙台市や、日本三景にかぞえられる松島などを中心に、四季折々の祭りが開催されています。「松島の灯籠流し」など、古来の行事も多くのこっています。

塩竈みなと祭

1948（昭和23）年に、港町塩竈の復興を願って始められた。志波彦神社と鹽竈神社の神輿をのせた二隻の御座船が、大漁旗を掲げた約100隻の船をしたがえ、松島湾内を5時間にわたり渡御する。
[塩竈市／7月の第3月曜]

仙台七夕まつり

江戸時代からつづく伝統行事。第二次世界大戦後に大がかりにおこなわれるようになり、今日では東北三大祭りにかぞえられている。祭りでは、紙と竹でつくられた豪華な七夕かざりが繁華街をいろどる。[仙台市／8月6日〜8日]

大崎八幡宮松焚祭

300年の歴史をもつ全国最大級の正月送り*の行事。もちこまれた正月飾りを焚きあげる火のいきおいから「どんと祭」ともいわれる。火にあたると心身が清められ、無病息災・家内安全にすごせると伝えられる。
[仙台市／1月14日]

＊正月かざりや古神札（おふだ）などをもやす正月のしめくくりの行事。

松島流灯会 海の盆

瑞巌寺は奥州随一の禅寺といわれる。

東日本大震災の鎮魂のために始まった祭り。700年以上つづく瑞巌寺の「大施餓鬼会」「灯籠流し」の伝統行事を引きつぎ、門前の海岸にやぐらを組み、経木塔婆の焚きあげなどの法要や、海上に灯籠が流され、幻想的な景色をつくりだす。[松島町／8月16日]

石巻川開き祭り

1916（大正5）年、北上川の治水で石巻のまちを救った川村孫兵衛重吉に感謝する祭りとして始められた。供養祭などの祭典とともに、花火大会や灯籠流し、孫兵衛船競漕などがおこなわれる。[石巻市／8月1日・2日]

秋田県

秋田県では、古くからの行事や祭りが、すたれずに伝えられてきています。なかでも、雪深い冬には、横手のかまくらや男鹿のなまはげ、大曲の綱引きなど、ほかに類をみない行事や祭りがおこなわれています。

大日堂舞楽

大日堂とは鹿角市八幡平地区にある大日霊貴神社のこと。1300年の歴史をもつ東北最古の舞楽で、7つの舞が4つの集落から奉納される。国指定重要無形文化財に指定され、ユネスコ無形文化遺産にも登録されている。[鹿角市／1月2日]

大曲の綱引き

江戸時代の享保年間（1727年ごろ）からおこなわれている伝統行事。大綱が市内をねり歩いたあと、市内を上丁・下丁に二分して、数百人が綱を引きあう。勝敗の結果によって、米の値段などその年の行く末をうらなう。[大仙市／2月15日]

秋田竿灯まつり

竿灯は大きいもので長さ12m、重さ50kgにもおよぶ。

東北三大祭りのひとつ。真夏の病魔や邪気をはらうねぶり流し行事として、宝暦年間（1751～1764年）にはその原型ができていたと伝えられる。長い竿にたくさんの提灯をつけ、肩やあごにのせて技を競い、まちじゅうをねり歩く。[秋田市／8月6日]

男鹿のなまはげ

大みそかの晩に、集落の青年たちがなまはげにふんして「泣く子はいねがー」「親のいうことを聞がね子はいねがー」などと大声でさけびながら家いえをめぐる。なまはげをむかえる家では、なまけものをこらしめ、田畑の実りをもたらす来訪神として料理や酒でもてなす。[男鹿市／12月31日]

横手の雪まつり

かまくらは降雪地帯各地に伝わっているが、横手のかまくらは約450年の伝統があり、とくに知られている。かまくらのなかでは子どもたちが「入ってたんせ」「おがんでたんせ」といいながら、甘酒やもちをふるまう。[横手地方／2月15日・16日]

かまくらは、雪でつくった家に祭壇をもうけて水神をまつる小正月の伝統行事。

山形県

山形県には、ここで紹介する黒川能や黒森歌舞伎以外にも、たくさんの民俗芸能がのこっています。伝統を受けつぐ活動をする団体は、100以上。地域の保存会や小学校などを中心に、地元に根づいた活動がつづけられています。

王祇祭と黒川能

約500年前から春日神社の氏子たちが伝えてきた黒川能は、民俗行事としては大規模なものとして国の重要無形民俗文化財に指定されている。年4回の祭りで奉納されるが、なかでも旧正月におこなわれる王祇祭は夜をてつしておこなわれる最大の祭りとして知られている。[鶴岡市／2月1日・2日]

黒森歌舞伎

江戸時代から約280年以上ものあいだ伝承されてきた農村歌舞伎。旧正月に黒森日枝神社に奉納される。雪のなかで観ることから雪中芝居、寒中芝居ともいわれる。演し物の多さと舞台の規模は全国屈指。
[酒田市／2月15日・17日]

出羽三山神社の花祭

出羽三山神社は、羽黒山、月山、湯殿山の山頂の神社の総称。花祭では、三山の神輿がくりだされ、造花をかざった万灯などが鏡池のまわりを1周する。花を手にした人は神の恩恵があると伝えられ、参拝者は花を取りあう。[鶴岡市／7月15日]

出羽三山神社は、明治時代までは修験道の修行場として栄えた。

山形花笠まつり

山形の県花、紅花をあしらった花笠が名前の由来。

「ヤッショ、マカショ！」というかけ声とともに、山車につづく1万人を超える踊り手が山形市のめぬき通りで踊りを披露する。1963（昭和38）年に観光PRを目的に開催された「山形蔵王まつり」が祭りのはじまり。[山形市／8月5日～7日]

山形の芋煮会

山形では、秋になると家族や友人が集まり、河原や公園で芋煮をたのしむ習慣があります。芋煮は、最上川を舟で行き来する船頭や商人たちが、待ち時間に棒だらとさといもを材料に、川岸の松の枝に鍋をかけて煮て食べたのがはじまりです。

毎年9月1日には、「日本一の芋煮会フェスティバル」が開催され、直径6mの大鍋でつくられた約3万食もの芋煮が参加者にふるまわれている。

福島県

福島県は、全国屈指の米の産地であることから、田植踊りや農村でおこなわれる歌舞伎が伝統芸能として伝えられています。とくに田植踊りは、中国地方にならぶ伝承数をほこっています。ほかには伝統的な民俗芸能として、獅子舞と念仏踊りがあります。

三春だるま市

約300年前からつづく、三春町の新春の名物行事。頭がひらたく、赤味をおびた顔つきが特徴の「三春だるま」を中心に露店がならび、福をもとめる人でにぎわう。
[三春町／1月の第3日曜]

伊佐須美神社の御田植祭

伊佐須美神社の最大の農業祭り。格式の高さで東北有数とされる。小中学生による獅子追童子が獅子の歯を鳴らして無病息災を願ったあと、田植人形を先頭に神輿が町内をねり歩く。神社境内では、佐布川地区の長男に伝わる「早乙女踊り」も奉納される。[会津美里町／7月12日]

相馬野馬追

この地区では、軒先で出場用の馬を飼っている家も多い。

南相馬市の相馬太田神社・相馬小高神社、相馬市の相馬中村神社の三社合同の祭り。500騎以上の武者による競馬や神旗のうばいあいなど、戦国絵巻がくりひろげられる。平将門が野生馬を敵兵に見立てて軍事演習をしたのが起源とされ、将門の流れをくむ相馬市で神事として受けつがれている。
[相馬市・南相馬市／7月の最終土・日曜]

会津田島祇園祭

田出宇賀神社と熊野神社の例祭。鎌倉時代の領主長沼宗政が田出宇賀神社の祭りに、京都の祇園祭の様式を取りいれたのが起源とされる。屋台の上での歌舞伎上演や神輿渡御などがおこなわれ、花嫁姿の女性たちが神前にお供え物を献上する七行器行列にもっとも注目が集まる。
[南会津町／7月22日～24日]

じゃんがら念仏踊り

「じゃんがら」は楽器の音からきたものとされる。

いわき地方のお盆の風物詩。この一年で亡くなった人のいる家庭を、若者15人前後が一組となってめぐり、太鼓と鉦にあわせて念仏をとなえながら踊るというもの。にぎやかに仏を供養し、家族をなぐさめる。[いわき市周辺／8月]

もっと知りたい！
二十四節気って、なんのこと？

**二十四節気とは、太陽の動きを24等分して約15日ごとに分けた季節のことです。
冬至や夏至、祝日にもなっている春分や秋分は、
すべて二十四節気にある名称です。**

季節の変化を予想する

二十四節気は、季節の変化と暦の日付をむすびつけるために、はるかむかしに考えだされました。二十四節気の日付は、現在わたしたちが使っている暦で見ると、毎年ほとんど同じになります。

1月		
5日	小寒（しょうかん）	寒さが加わるころという意味で「寒の入り」のこと。節分までの30日間を「寒の内」といい、寒さがきびしくなる。寒中見舞いを出しはじめる。
20日	大寒（だいかん）	寒さがさらにきびしくなり、一年じゅうでもっとも寒い時期。
2月		
4日	立春（りっしゅん）	旧暦では、この日が一年のはじめとされる。まだまだ寒いが、春の気配が感じられる。暦のうえでは旧冬と新春のさかいめにあたり、この日から春になる。
18日	雨水（うすい）	陽気がよくなり、空からふるものが雪から雨にかわり、雪や氷がとけて水になる。春一番がふくのもこのころ。
3月		
5日	啓蟄（けいちつ）	啓蟄は、土のなかで冬ごもりをしている虫という意味。大地があたたまり、冬眠していた虫が春のおとずれを感じてあなから出てくるころをあらわしている。
20日	春分（しゅんぶん）	太陽が真東からのぼって真西にしずみ、昼と夜の長さがほぼ同じになる。この3日前から7日間を春の彼岸とする。「暑さ寒さも彼岸まで」というように、寒さがやわらいですごしやすい季節となる。
4月		
4日	清明（せいめい）	すべてのものが生き生きとして清らかに見えるようすをあらわした「清浄明潔」を略したもの。桜の花がさきほこり、花見のシーズンでもある。
20日	穀雨（こくう）	春雨が穀物をうるおすことから名づけられた。かわりやすい春の天気もこのころから安定し、日差しも強まってくる。
5月		
5日	立夏（りっか）	暦のうえで夏のはじまり。夏とはいっても、本格的な夏は、まだ先。新緑の季節で、風もさわやか。すごしやすくなる。
21日	小満（しょうまん）	陽気がよくなり、すべてのものがしだいに成長して、天地に満ちはじめることから「小満」といわれる。「梅雨の走り」が見られ、田植えの準備を始めるころ。
6月		
5日	芒種（ぼうしゅ）	芒＊のある穀物の稲や麦など、穂の出る穀物の種をまく季節ということから「芒種」といわれている。梅雨の季節に入る。
21日	夏至（げし）	一年で昼間がもっとも長く、夜がもっとも短い日。暦のうえでは夏季のまんなかにあたるが、梅雨のまっさかりで、農家では田植えにいそがしい時期。
7月		
7日	小暑（しょうしょ）	暑さが本格的になってくる。このころから暑中見舞いを出しはじめる。梅雨があけ、強いひざしとともに気温が一気にあがる時期。
23日	大暑（たいしょ）	夏の暑さがきわまるころ。夏の土用もこのころ。本格的な夏の到来となる。
8月		
7日	立秋（りっしゅう）	暦のうえでは秋になるが、日中はまだ残暑がきびしく、一年でもっとも気温が高くなる時期。この日から、残暑見舞いになる。
23日	処暑（しょしょ）	暑さがおさまるという意味。秋の気配を感じるが、ちょうど台風のシーズンでもあり、二百十日、二百二十日は台風が来襲しやすい日といわれている。
9月		
7日	白露（はくろ）	草の葉に白い露がむすぶという意味。夜のあいだに大気が冷えこみ、本格的な秋の到来を感じられるころ。
23日	秋分（しゅうぶん）	春分と同じく、太陽が真東からのぼって真西にしずみ、昼と夜の長さがほぼ同じになる。秋の彼岸の中日。
10月		
8日	寒露（かんろ）	晩夏から初秋にかけて野草にやどるつめたい露のことを「寒露」という。秋の長雨が終わり、本格的な秋のはじまりとなる。
23日	霜降（そうこう）	秋がいちだんと深まり、朝霜が見られるころ。初霜の知らせが聞かれるのもこのころで、山は紅葉でいろどられる。
11月		
7日	立冬（りっとう）	冬のはじまり。朝夕冷えこみ、日中の日差しも弱まって、冬が近いことを感じさせる。
22日	小雪（しょうせつ）	雪といってもさほど多くないことから「小雪」といわれたとされる。しだいに冷えこみがきびしくなってくる。
12月		
7日	大雪（たいせつ）	山だけでなく平野にも雪がふる季節となることから「大雪」といわれたとされる。全国的に冬一色になる。
22日	冬至（とうじ）	夏至と反対に、夜がもっとも長く、昼が短い日。太陽の高さがもっとも低くなることから、太陽の力がいちばんおとろえる日と考えられてきた。

※日付は2017年の場合。年度によって数日のずれが生じる。

＊イネ科の植物の花についている針のような突起のこと。

関東地方 地域の特性と伝統行事

茨城県
面積：6,097km²（全国24位）
人口：292万人（全国11位）
県花：バラ
県鳥：ヒバリ

群馬県
面積：6,362km²（全国21位）
人口：198万人（全国19位）
県花：レンゲツツジ
県鳥：ヤマドリ

栃木県
面積：6,408km²（全国20位）
人口：198万人（全国18位）
県花：ヤシオツツジ
県鳥：オオルリ

埼玉県
面積：3,798km²（全国39位）
人口：724万人（全国5位）
県花：サクラソウ
県鳥：シラコバト

千葉県
面積：5,158km²（全国28位）
人口：620万人（全国6位）
県花：ナノハナ
県鳥：ホオジロ

東京都
面積：2,191km²（全国45位）
人口：1,339万人（全国1位）
都花：ソメイヨシノ
都鳥：ユリカモメ

神奈川県
面積：2,416km²（全国43位）
人口：910万人（全国2位）
県花：ヤマユリ
県鳥：カモメ

※人口は平成26年10月1日現在

茨城県

茨城県は、関東地方北東部にあります。奈良時代に編さんされた『常陸国風土記』に「土地広く、土が肥え、海山の産物もよくとれ、人びと豊かにくらし、常世の国のようだ」としるされたように、古くから人びとが豊かにくらす土地でした。農耕がさかんな土地柄、農耕儀礼もよく伝えられてきています。

茨城県つくば市にある筑波山は、山全体が御神域という霊峰として、古くから山岳信仰の中心となっている。

栃木県

関東地方の北部に位置する栃木県は、福島県、群馬県、埼玉県、茨城県に囲まれ、海に面していない内陸部にあります。江戸時代に、日光は幕府の聖地となり、日光東照宮や日光二荒山神社、日光山輪王寺の二社一寺にはなやかな建物がたてられ、特別に保護されてきました。栃木県の伝

統行事は、二社一寺のものをはじめ、念仏踊りが分布しています。

日光市にある日光東照宮。江戸幕府初代将軍・徳川家康を神格化した東照大権現をまつっている。

群馬県

群馬県は、日本列島のほぼ中央にあります。古墳時代から平安時代には、大きな勢力が形づくられ、仏教や文字文化が早くから発達し、経済的にも文化的にも東日本をけん引していました。明治時代になると養蚕がさかんになり、小正月には「おかいこさんの正月」とよばれ、まゆ玉をかざる風習があります。1月15日の朝には、その年の米や小豆の収穫量をうらなう「粥うらない」がおこなわれていました。

養蚕がさかんだった群馬県では、小正月には、かいこのまゆが十分にとれるように祈願して、まゆ玉をかざる。

埼玉県

埼玉県は、関東地方の中央部に位置する内陸県です。むかしの武蔵国の一部にあたり、江戸時代には川越、岩槻、忍の城下町や中山道、日光街道の宿場がつくられ、いまのまちのもとになりました。また、江戸を中心に河川を利用した交通が発達し、川越などには江戸文化の影響が見られます。

小江戸川越として知られる川越のまち。いまでも蔵づくりの古いまちなみを見ることができる。

千葉県

千葉県は首都圏の東側に位置しています。古くは良質の麻（総）がよく生育する土地であることにちなんで「総の国」とよばれました。東京に隣接し、都市部が広がっていますが、都市部からはなれた半島の南側には伝統的な行事や祭礼がよくのこされています。

千葉県は、踊りがさかんなところでもある。伝統的なものとして、安房郡千倉町白間津地区では、4年に一度、日枝神社の祭礼にともない、ささら踊り（全12曲）が披露される。

東京都

東京都は、関東地方の南西部と太平洋上に点在する伊豆諸島・小笠原諸島などの島まで構成されています。江戸時代には江戸城がおかれ、徳川幕府の政治の中枢となり、明治時代には日本の首都となり栄えてきました。都心部では江戸の文化を伝える祭りが現在も盛大におこなわれ、多摩地方や伊豆諸島などの島じまには、伝統行事も伝えられています。

いまもビジネス街のまんなかにのこる江戸城のほとんどは、皇居として使用されている。

神奈川県

神奈川県は関東地方の南西部にあり、東京湾と相模湾に面しています。鎌倉幕府がおかれた鎌倉や、城下町として栄えた小田原、江戸時代に関所がおかれた箱根など、歴史上の重要な地点が南部や海に近いエリアに点在しています。

祭礼も海岸ぞいのものと山間地のものに分かれています。三浦市には、ユネスコの無形文化遺産に登録されている伝統芸能チャッキラコ（→46ページ）が伝えられています。

貴船神社の船祭りは、宮城県の「塩竈みなと祭」、広島県の「厳島神社の管絃祭」とともに「日本三大船祭」のひとつ。

茨城県

茨城県には、由緒ある神社が点在しています。東国三社のひとつにかぞえられている鹿島神宮や、3000年の歴史を有する筑波山神社、73年ごとに大祭をおこなう西金砂神社などがあります。これらの神社の祭りは、どれもむかしのようすを伝えるものです。

日立風流物

2009年にはユネスコの無形文化遺産にも登録された。

山車の上の5層の屋根が開き、5段の舞台でからくり人形を使った劇が演じられる。このようなしかけの山車は全国に例がなく、国の重要民俗文化財に山車として第1号で指定を受けた。4町すべての山車が公開されるのは7年に一度の「神峰神社大祭礼」のみ。4月中旬の「日立さくらまつり」には交代で1基が公開される。
[日立市／4月]

金砂田楽

「金砂田楽」は、西金砂神社と東金砂神社の祭礼で披露されている。西金砂神社の大祭は73年に一度、小祭は7年に一度、東金砂神社の例祭は毎年旧正月3日で、大祭は平安時代から一度もかかすことなく1200年間伝えられてきた。次回の西金砂神社大祭は2075年、小祭は2021年。

田楽とは、豊作や天下泰平を願うためにおこなわれる舞踊のこと。
[常陸太田市／2月11日ほか]

筑波山神社の御座替祭

筑波山を御神体とする筑波山神社の例大祭。夏と冬、親子の神が筑波山山頂の本殿と中腹の拝殿で神座がかわるとされることから、この名前がついた。神さまの衣替えにあたる神衣祭、前期の神衣を神輿に納め氏子区域を渡御する神幸祭などがおこなわれる。[つくば市／4月1日・11月1日]

水戸の梅まつり

全国的に知られる梅の名所、偕楽園で開催される。偕楽園は、1842（天保13）年に水戸藩第九代藩主徳川斉昭によって造園された。約13haの園内には約

100品種・3000本の梅が植えられている。[水戸市／2月下旬〜3月下旬]

偕楽園は金沢の兼六園、岡山の後楽園とならぶ「日本三名園」のひとつ。

鹿島神宮の神幸祭

鹿島神宮でおこなわれる年間90以上の祭儀のなかでもっとも重要な祭典。宮内庁から勅使をむかえての例祭のほか、青竹に数百の提灯をつけた大提灯が登場する「提灯まち」、「神輿の渡御」などがある。
[鹿嶋市／9月1日]

栃木県

栃木県の祭りを語るうえで、日光二荒山神社、日光東照宮、日光山輪王寺の二社一寺の存在はかかせません。ここで紹介したもの以外にも、1200年の歴史をもつ日光二荒山神社の男体山登拝など、由緒ある祭りがとりおこなわれています。

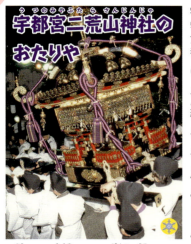

宇都宮二荒山神社のおたりや

宇都宮に一年の終わりと正月の終わりを告げる宇都宮二荒山神社の夜祭り。夕刻からおこなわれる神事では田楽舞が奉納され、神輿の渡御がある。祭神を下の宮がある荒尾崎から現在地に遷座*したことが「渡り夜」とよばれ、のちになまって「おたりや」とよばれるようになった。

*神さまの御霊をほかの場所に移すこと。
[宇都宮市／1月15日]

日光二荒山神社の弥生祭

1200年の歴史がある由緒ある祭り。16日と大祭当日の17日には、春らしい造花でいろどられた屋台「花家体」がくりだし、日光のまちに春のおとずれを告げる。
[日光市／4月13日～17日]

「日光の春は弥生祭から」といわれる。

佐野厄除け大師の正月大祭

佐野厄除け大師は、944(天慶7)年に奈良の僧・宥尊上人が開いた寺で、関東三大師にかぞえられている。大祭では、厄除け元三慈恵大師を安置し、厄除け・身体安全を祈願する。
[佐野市／1月1日～31日]

日光東照宮の百物揃千人武者行列

日光二荒山神社を出発し御旅所へ向かう行列は、神輿を中心に鎧武者など53種1200人あまり。御旅所では、「三品立七五膳」というお供え物が供えられ、はなやかな八乙女神楽や東遊が奉納される。[日光市／5月18日]

日光山輪王寺の強飯式

全国でも日光山輪王寺にのみ伝わる儀式で、起源は奈良時代の開山までさかのぼる。山伏や修行僧が本尊へのお供え物を、里の人びとに分けあたえたのがはじまり。強飯頂戴人として儀式に参列したりお札をさずかったりすると、ご利益が得られると伝えられている。[日光市／4月2日]

二社一寺の国宝群

徳川初代将軍家康の霊をまつった日光東照宮が1616(元和2)年につくられてから、近くにあった日光二荒山神社、日光山輪王寺も大きくつくりかえられました。現在、それらの建物群は国宝として9、重要文化財として94もの指定を受け、文化財の宝庫となっています。二社一寺とその周辺は、1999(平成11)年日本で10番目のユネスコ世界遺産に登録されました。

群馬県

冬から春は「少林山のだるま市」など縁起をかつぐ行事がつづき、夏は「沼田まつり」をはじめ疫病除けに由来する祇園祭が県内各地でだいだい的におこなわれています。また、「湯かけ祭」などユニークな行事も伝えられています。

少林山の七草大祭だるま市

少林山達磨寺で、1月6日から7日にかけて夜通しおこなわれる。初春の縁起物である「だるま市」が立つほか、7日には世界平和を祈願する大般若経600巻を短時間で読みあげる法要がとりおこなわれる。
[高崎市／1月6日・7日]

だるまは、いまから1500年ほど前にインドにうまれた実在の人物。

沼田まつり

京都にある八坂神社の祇園祭がもとになっている。

牛頭天王をまつる須賀神社の「祭事沼田祇園祭」が起源。御祇園がなまり「おぎょん」とよばれていた祭りに、天狗神輿などをくわえ、まちぐるみの大祭となった。大小30数基の神輿や、「まんどう」とよばれる10台の山車などが出る。
[沼田市／8月]

貫前神社の鹿占神事

焼いた錐で鹿の肩甲骨をつらぬき、ヒビの入り方によって周辺の集落や村の吉凶をうらなう。貫前神社のほか、東京都青梅市の御嶽神社と東京都あきる野市の阿伎留神社に例が知られるのみのめずらしい神事とされる。[富岡市／12月8日]

樋越神明宮の春鍬祭

その年の豊作を願っておこなう田遊びの神事。拝殿の前にしつらえられた祭場で、枝にもちをつけて鍬に見立てたものをもった鍬持とよばれる人びとなどが、稲作の作業過程を演じる。投げられた鍬を家にもちかえると養蚕があたり、まかれるもちやみかんをひろい、稲穂がついていた人は豊作にめぐまれるといわれている。[玉村町／2月11日]

湯かけ祭り

いまから400年ほど前、突然かれた温泉にニワトリをささげるとふたたびわきだした。これをよろこび、温泉をかけあったのが祭りのはじまり。もともとの祭りの会場は八ッ場ダムの建設により水没するため、場所をかえてつづけられている。[長野原町／11月20日]

埼玉県

埼玉県を代表する伝統行事は、宿場町として発展した川越や岩槻、豊かな自然がのこる秩父に点在しています。とくに日本三大曳山祭のひとつとされている「秩父夜祭」と小江戸川越の繁栄をいまに伝える「川越まつり」が盛大な祭りとして知られています。

秩父夜祭

秩父夜祭は、300年あまりの歴史がある秩父神社の例大祭。笠鉾2基と屋台4基の山車が屋台囃子とともにまちを曳きまわされ、屋台上で秩父歌舞伎が披露される。屋台は国の重要文化財、歌舞伎と曳き踊り、神楽は重要無形民俗文化財に指定されている。
[秩父市／12月2日〜4日]

珍しい冬の花火も打ち上げられる。

岩槻の古式土俵入り

篠岡八幡大神社で、子どもたちのすこやかな成長を願って秋祭りに奉納される。幼児から小学校6年生までの男子が、相撲をとることなく土俵入りを披露する。
[さいたま市岩槻区／9月中旬]

馬頭観音の絵馬市

馬頭観音がまつられている妙安寺境内の上岡観音で立つ市。絵馬は厩の入口にはりつけて牛馬の災難除けにする。農家で馬が飼われなくなったため、絵馬の頒布数は激減しているが、競馬の厩舎や乗馬クラブの関係者などが買いもとめるようになり、信仰をいまに伝えている。[東松山市／2月19日]

脚折雨乞

江戸時代に始まった雨乞いの行事。竹とわらでつくられた長さ36m、重さ3tもの巨大な竜神がまちじゅうを渡御し、目的地の池で大あばれしたあと、その場で解体される。池をけがすことで神をおこらせ、雨をふらせるためといわれている。[鶴ヶ島市／4年に一度の8月第1日曜]

川越まつり

川越氷川神社の祭礼。360年にわたり続けられてきた祭りで、国の重要無形民俗文化財に指定されている。豪華絢爛な山車が蔵づくりのまちなみを中心に曳きまわされる。
[川越市／10月の第3日曜とその前日の土曜]

山車が道で出会ったときに囃子などで競いあう「曳っかわせ」が名物。

千葉県

紀元前の創建と伝わる香取神宮（香取市）や安房神社（館山市）では、古式にのっとった祭礼がつづけられています。また、白間津のオオマチで舞われるささら踊りや花踊、館山市に伝わる洲崎踊など、舞踊系の伝統行事がさかんです。

駒形大神社のにらめっこおびしゃ

めずらしい「にらめっこ」の神事。行司を前にふたりずつ向かいあって酒を飲み、このときに笑ってしまったり杯をおく間合いがずれてしまったりすると、ふたりとも大杯の酒を飲みほさなければならない。周囲の人は、笑わせようと冗談を飛ばして、はやし立てるのがならわし。
［市川市／1月20日］

成田山の節分会

不動明王の前では鬼さえ心を入れかえるということから、かけ声は「福は内」のみ。

節分は、鬼に象徴される災厄を立春の前日にはらい、一年の幸せを願う伝統行事。成田山新勝寺の節分会はとくに盛大で、全長200mの舞台から大豆860kg、からつき落花生400kgなどがまかれる。［成田市／2月3日］

白間津のオオマチ

日枝神社の祭礼と大幟を曳く「オオナ渡し」とよばれる行事からなる。ささら踊りなどの民俗芸能が多数奉納される。901（延喜元）年に創建された日枝神社の記録によると、神社創建のあとしばらくしてはじまったものだと伝えられている。
［千倉町／4年に一度の7月］

鬼来迎

登場する鬼婆に赤ちゃんをだいてもらうと健康に育つといわれている。

広済寺に鎌倉時代初期から伝わる、地獄を再現した芝居。「賽の河原」「釜入れ」「死出の山」など全7段から構成され、地獄の責め苦と仏教の因果応報を教える物語となっている。国の重要無形民俗文化財の第1回の指定を受けた。［横芝町／8月16日］

佐原の大祭

夏と秋におこなわれ、夏祭りは八坂神社（旧牛頭天王社）の祇園祭、秋祭りは諏訪神社の大祭。大人形や鯉、鷲などのかざり物がのる山車や、日本三大囃子にかぞえられる囃子がみごとなことから、国の重要無形民俗文化財に指定されている。重い山車を人力のみで曲芸のように動かしてみせる曲曳きが名物。［香取市／7月・10月］

東京都

江戸時代は庶民文化が花開いた時期でもあり、祭りは江戸っ子たちがこぞって参加する盛大なものでした。江戸三大祭りとよばれる神田祭、三社祭、山王祭や、四季折々に立つ市などに足を運べば、江戸の文化をのぞきみることができます。

神田祭

江戸の守り神として庶民の信仰を集めた神田明神の祭り。山王祭とともに「天下祭」とよばれる。奇数年におこなわれる本祭では、神田や丸の内を神輿が巡行する神幸祭と、100基の氏子町神輿が宮入参拝する神輿宮入があり、多くの人でにぎわう。[千代田区／5月]

大國魂神社のくらやみ祭

大國魂神社は都内でも屈指の古社。祭りの中心となるのは5月5日の神輿渡御。夕方6時から8基の神輿が威勢よくかつがれたあと、より夜が深まる23時ごろには馬上から矢を射る流鏑馬がおこなわれる。3日からは盛大な植木市も開催され、これをたのしみにおとずれる人も多い。[府中市／4月30日〜5月6日]

三社祭

下町浅草に初夏を告げる浅草神社の例大祭。重さ1t以上の大神輿3基が浅草のまちをねり歩くようすが名物。五穀豊穣、商売繁盛、子孫繁栄などをいのって「びんざさら舞」も奉納される。[台東区／5月の第3日曜とその前の金・土曜]

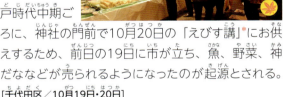

べったら市

日本橋にある宝田恵比寿神社の門前で立つ、大根の浅漬けべったら漬けの市。江戸時代中期ごろに、神社の門前で10月20日の「えびす講」*にお供えするため、前日の19日に市が立ち、魚、野菜、神だななどが売られるようになったのが起源とされる。[千代田区／10月19日・20日]

＊恵比寿天をまつり、商売繁盛や大漁を願う行事。

山王祭

歴代の徳川将軍も見学した日枝神社の祭り。11日間にわたっておこなわれる。神楽や邦楽、山王太鼓、お茶、お花などの行事があり、日本の伝統芸能が披露される。偶数年には神幸祭が開催され、東京都心を300mの祭礼行列がねり歩く。[千代田区／6月]

日枝神社と神田明神は、江戸の守り神として徳川幕府に手厚く保護されていた。

江戸の正月と七福神めぐり

七福神とは、恵比寿天、大黒天、毘沙門天、弁財天、福禄寿、寿老人、布袋の7柱の神さまのこと。七福神めぐりは、1月1日から7日におこなう行事で、江戸から全国へ広がりました。東京には30を超える七福神めぐりが存在しています。もっとも古い歴史をもつ谷中七福神をはじめ、江戸時代からつづくものがのこる一方で、観光客誘致のための新しい七福神めぐりもつくられています。

神奈川県

鎌倉幕府がおかれた鎌倉や東海道の関所があった箱根、関東以北の海上の防衛拠点だった三浦半島など、歴史上の重要な地域が点在しています。そのような地域には、さまざまな文化が栄え、独特の伝統行事が伝えられています。

チャッキラコ

国指定重要無形民俗文化財、ユネスコの無形文化遺産に登録されている。

晴れ着姿の5歳から12歳までの少女と、黒色の着物を着た年配の女性によるそぼくな歌と踊り。小正月に豊漁や豊作、商売繁盛を願って海南神社に奉納される。江戸時代中期ごろの記録で確認されていることから、長い歴史をうかがわせる。［三浦市／1月15日］

箱根大名行列

江戸時代におこなわれた参勤交代とは、各藩の藩主を江戸と自領を1年交代で定期的に行き来させるというもの。箱根は、東海道を参勤交代の大名行列が通っていたことから、1935（昭和10）年から大名行列を再現した祭りが開催されるようになった。［箱根町／11月3日］

相模の大凧まつり

80人から100人が息をあわせて凧をあげる。

広びろとした相模原の河川敷で、巨大凧が春の空を舞う。天保年間（1830年ころ）から受けつがれてきた伝統行事で、「相模の大凧文化保存会」によって活動がつづけられている。4つの地区から大凧が出され、もっとも大きいものは14.5m四方、約950kgにもおよぶ。［相模原市／5月4日・5日］

鶴岡八幡宮の祭礼

鶴岡八幡宮は、鎌倉初代将軍の源頼朝が信仰し、鎌倉のまちづくりの中心にすえた神社。800年の歴史と伝統がある祭りは、14日に神職が由比ヶ浜で身を清めることから始まり、15日は神輿の渡御や八乙女舞、16日は射手が馬を走らせながら的を射る流鏑馬神事などがとりおこなわれる。［鎌倉市／9月14日～16日］

大磯の左義長

地元で「セエノカミサン」とよばれる道祖神の火祭り。正月かざりを集めて燃やす「どんど焼き」と「ヤンナゴッコ」という海と陸との綱引き神事がおこなわれる。約400年前、疫病でおおぜいの子どもが亡くなったことから厄払いのために始まったと伝えられている。［大磯町／1月11日］

もっと知りたい！
祭りはいつから始まった？

日本では、古代から祭りは人びとのくらしにかかせないものとしてつづけられてきました。いつどんな目的で始まり、どんなふうに変化をとげたのでしょう。

文明がおこったときから祭りはくらしとともにある

　日本最古の歴史書といわれる『古事記』のなかに、いまもおこなわれている神社の祭りとにたようなシーンがえがかれています。太陽神アマテラスが乱暴者の弟スサノオのふるまいにいかり、天の岩戸にかくれてしまうという、有名な「天の岩戸がくれ」の一節です。国じゅうから光が消えてしまったことにこまった神がみは、天の岩戸の前で、鏡や勾玉をささげ、舞い踊り、宴を開きました。外のたのしげなようすが気になってアマテラスが岩戸から出てきたことで光がもどり、一件落着という物語です。現代の祭りでも、神殿に鏡や勾玉をおき、食事や酒をささげ、神楽などの芸能を奉納しているため、祭りの原型を「天の岩戸がくれ」に見ることができます。

　実際の歴史では、縄文時代の遺跡に祭祀の跡とされるものが発見されています。このころの祭りは、作物が採れることを感謝する収穫祭や、死者などに対していのりをささげるためのものだったと考えられています。古墳時代以降は、人びとのくらしの変化にともなって、祭りも多様化していきます。凶作や疫病の流行をしずめるための祭りや、大陸から伝来した仏教の祭り、歌舞伎など人びとがたのしむための芸能の祭りなどがあります。

● 祭り年表

時代	年代	できごと
縄文時代	紀元前約1万5000年前～	「環状列石」という石を円形にならべた遺跡は、死者や祖先をとむらう祭りに使われていたものだという説もある。
弥生時代	紀元前3世紀中ごろ～	このころのものだとされる銅剣や銅鐸などは、重くて使いものにならないので、祭りやまじないにもちいられたと考えられている。
古墳時代	3世紀中ごろ～	欽明天皇（在位539～571）のころには、「葵祭（→64ページ）」が始められた。
飛鳥時代	592年～	聖徳太子が開いた「愛染まつり（→65ページ）」など、仏教の祭りが始まる。
奈良時代	710年～	平城京を代表する寺院のひとつである東大寺がたてられ、「修二会」などの現在につづく行事が始まる。
平安時代	794年～	疫病をしずめるため、「祇園祭（→64ページ）」が始められる。また、「春日大社のおん祭」は、1136年に始まり、以来毎年、一度も途切れることなくおこなわれている。
鎌倉時代	1185年～	一遍上人が仏教を広めるために日本全国を歩き、盆踊りの原型といわれる「踊り念仏」が広まる。
南北朝・室町時代	1336年～	奈良県に観阿弥と世阿弥という猿楽の名人があらわれ、能と狂言がうまれる。
安土桃山時代	1573年～	出雲の阿国という女性が始めた「阿国歌舞伎」が人気を博す。
江戸時代	1603年～	庶民文化が花開き、祭りも庶民がたのしむためのものへと変化をとげる。
明治・大正時代	1868年～	神道と仏教を区別する神仏分離がおこなわれる。神仏分離にともない、仏教が衰退し、多くの仏教の祭りが廃止される。
昭和時代	1926年～	第二次世界大戦がおこり、多くの祭りが中断される。戦後は、「さっぽろ雪まつり（→30ページ）」のような、宗教色がうすれた、庶民のイベントとしての祭りがつくられるようになる。
現在へ		

新潟県

新潟県は、本州の日本海側北部に位置し、日本海にそって弓状に長くのびる越後と離島の佐渡島に分かれています。古くから出雲や大和、京都との行き来があり、人や物資とともに文化も伝わってきました。現在のこされている伝統芸能にも、さかのぼると、関西方面の影響を受けたものがあります。とくに民俗芸能については宝庫ともいえます。

聖籠町でおこなわれる「亀塚練馬」。集落内の数え年19歳の若者が、稲わらでつくる大きなしめなわ（練馬）を肩にかついでねり歩き、神社に奉納する。1719（享保4）年に始まった行事。

富山県

富山県は中部地方の中北部に位置しています。3000m級の山やまが連なる立山連峰をはじめとする高い山や

かつての立山信仰の拠点、立山町芦峅寺でおこなわれる「布橋灌頂会」とよばれる橋渡り体験。立山が女人禁制だった江戸時代に、極楽往生を願う女性の救済のためにいとなまれていた。

まに囲まれ、富山湾を囲むように平野が広がっています。富山県の前身は越中という国で、いまの高岡市に国府がおかれていました。そのため高岡市には、由緒ある祭りが伝承されています。

石川県

石川県は、中部地方北部に位置しています。江戸時代には、100万石という石高*をもつ加賀藩の領地となり、藩主が住んだ金沢は城下町として栄えました。加賀藩五代藩主・前田綱紀は、全国から名工や芸術家を招き、加賀百万石に工芸美術の花をさかせました。しかし、祭りの屋台装飾などにこれらの技術を生かすことはほとんどありませんでした。これは、幕府の監視を意識して質素をよそおっていたせいだと考えられています。

＊領地の米の収穫量。加賀藩は最大120万石もあり全国最大。

金沢市には、加賀百万石の城下町のまちなみが、いまもなおのこっている。

福井県

福井県は日本海と若狭湾に面し、中部地方の西部に位置しています。むかしは、北部と西南部で越前国と若狭国に分かれていました。江戸時代には越前は福井藩と5つの小さな藩に分けられ、若狭には小浜藩がおかれました。都がおかれた近畿地方に近いこ

長野県
面積：13,562km²（全国4位）
人口：211万人（全国16位）
県花：リンドウ
県鳥：ライチョウ

岐阜県
面積：10,621km²（全国7位）
人口：204万人（全国17位）
県花：レンゲソウ
県鳥：ライチョウ

静岡県
面積：7,779km²（全国13位）
人口：371万人（全国10位）
県花：ツツジ
県鳥：サンコウチョウ

愛知県
面積：5,172km²（全国27位）
人口：746万人（全国4位）
県花：カキツバタ
県鳥：コノハズク

※人口は平成26年10月1日現在

ともあり、古くから開けた土地で人の往来がさかんでした。若狭は大陸からの表玄関としても利用され、古い寺や仏像がたくさんのこされています。

「さば街道」は、若狭国などの小浜藩領内と京都をむすぶ街道の総称。おもに魚介類を京都へ運搬するためのこの街道が、文化交流の道ともなった。

山梨県

山梨県は、東京都、神奈川県、静岡県、長野県、埼玉県に囲まれた海のない内陸県です。北部に八ヶ岳連峰、北東から東側にかけては関東山地が広がり、富士山の周辺には富士五湖が点在しています。戦国時代には武田信玄がこの地を治め、信玄堤などの治水工事や金山の開発などがおこなわれました。

JR甲府駅南口にある武田信玄像。山梨県では、いろいろなところで信玄像が見かけられる。

長野県

長野県は全国の都道府県で4番目に大きな県です。周囲には3000m級の山やまが連なっていることから、長野県は「日本の屋根」とよばれています。山がちな土地であるため、盆地が県内に点在しています。山地よりくらしやすい盆地には人が集まり、まちが形成されました。盆地ごとに伝統芸能や行事の様式にちがいが見られるのは、それぞれにくらしが確立していたためだと考えられます。

大鹿村で、300年あまり前から受けつがれている大鹿歌舞伎。各集落の神社の境内にある舞台で演じられる。

岐阜県

岐阜県は、中部地方の西部に位置しています。北部の飛騨地方は3000m級の山やまが連なる山地で、南部の美濃地方は美濃平野を木曽川が流れ海抜0mの水郷地帯になっています。岐阜県は美濃国と飛騨国が統合してできた県で、飛騨や美濃にはさまざまな街道がありました。そのため、祭りや行事もいろいろな地域の影響を受けたものが見受けられます。

県の重要無形民俗文化財第1号に指定された「谷汲踊り」。1185（文治元）年、壇ノ浦の戦いで勝利した源氏側の武将が鎌倉に凱旋するときに踊ったものが伝わったといわれている。

静岡県

静岡県は中部地方の東部に位置しています。遠州灘、駿河湾、相模灘にそった約500kmの海岸線を南側に、北側は富士山など3000m級の山やまからなる北部山岳地帯となっています。静岡県は伝統芸能がさかんな土地ですが、なかでももっともさかんなのが、稲の豊作を願って祝う田楽・田遊びです。県の西南部を中心に、10以上の団体により継承されています。

焼津市藤守の田遊び（田楽）。25番の演目と番外からなり、一年の農作業の行程を模擬的に演じる。

愛知県

愛知県は、中部地方の南西部に位置し、南は太平洋に面し、三重県、岐阜県、長野県、静岡県と接しています。西部から南部にかけての一帯は、土壌が肥え、平坦で農業に適しています。静岡県と連なるように田楽、田遊びがさかんで、三河の田楽として国の重要無形民俗文化財に指定されています。

北設楽郡設楽町でおこなわれる田峯田楽。五穀豊穣を祈願する神事で、朝の8時から夜の10時まで3部構成で奉納される。

新潟県

新潟県は関西、関東、東北の文化交流の接点となる場所に位置しています。このため祭りや行事にさまざまな地域からの影響が見られるのが特徴です。また、新潟市の沖合にうかぶ佐渡島は、伝統芸能のさかんな島として知られています。

弥彦神社の灯籠まつり

越後国の一宮*として親しまれている弥彦神社のもっとも重要な祭り。12基の大灯籠や100基の小灯籠がまちをねり歩く大灯籠巡行や舞楽の奉納など、さまざまな行事がおこなわれる。[弥彦村／7月24日〜26日]

1000年の歴史があると伝えられている。

*その地域でいちばん由緒があるとされる神社。

赤谷どんつきまつり

上赤谷集落で約700年前からつづく奇祭。「ヨイヨイ、ワッショイ」のかけ声で、ふんどし、はちまき姿の男衆が一団となってせなかで押しあう。厄年の男性が主役で、厄落としや五穀豊穣、家内安全を願ってつづけられている。[新発田市／2月20日]

佐渡の車田植

3人の女性が田の中央から車状に外側へあとずさりしながら苗を植えていき、畔では村人が田植唄を歌う古式ゆかしい農耕習俗。旧家のもっとも広い田で、田植えの最後におこなわれる。[佐渡市／5月]

ショウキ祭り

むかしは阿賀町のとなりの福島県西会津でもおこなわれていた。

阿賀野川流域の5集落と新発田市の1集落に伝承される早春の伝統行事。「ショウキ」とよばれる大きなわら人形を集落総出でつくり、にぎやかにかついで安置する。五穀豊穣、村内・家内安全の思いがこめられている。[阿賀町・新発田市／2月〜3月]

長岡まつり花火大会

1879（明治12）年に遊郭関係者が資金を出しあい350発の花火を打ちあげたのが花火大会の起源。長岡空襲からの復興祭りとして祭りが形づくられてきた。現在は日本三大花火大会にかぞえられている。[長岡市／8月1日〜3日]

芸能が宿る島、佐渡島

佐渡島は、8世紀ごろから罪人が送りこまれる流刑地になっていて、順徳天皇や日蓮聖人、世阿弥など政治的なあらそいに敗れた高い位の人も流されました。それらの人びとにより多彩な芸能が伝えられ、佐渡では年じゅうどこかで祭りや行事がおこなわれています。なかでも能がさかんで、最盛期には200以上の能舞台がありました。現在でも、日本の能舞台の3分の1が佐渡にあるといわれています。

富山県

富山県は中世に仏教の宗派のひとつである浄土真宗が京都から伝わり広まった地域。高岡御車山祭のように文化的にも京都とのつながりが濃厚です。また、高い山で太平洋側と断絶された山地には土着の信仰や芸能がのこされています。

高岡御車山祭

1609（慶長14）年、加賀藩祖・前田利家が、豊臣秀吉から拝領した山車を7町に1台ずつ分けあたえ、京都の祇園祭ににせて関野神社の祭りで曳かせたのがはじまりとされる。美術工芸品としても高い価値をもつ山車が曳かれるようすは、見る者を圧倒する。[高岡市／5月1日]

滑川のネブタ流し

日没前に滑川市の中川原海岸でおこなわれる。「ネブタ」とよばれる大松明をやぐらに立て、町内をねり歩いたあと、浜で火をつけて海に流す。けがれや疫病、睡魔を海に流しさろうという願いがこめられた火祭り。[滑川市／7月31日]

おわら風の盆

3日間で25万人もの観光客がおとずれる。

山あいのまちで約300年間受けつがれてきた「越中おわら節」が、秋の初めの3日間に披露される。楽器は三味線、太鼓にくわえ、胡弓という弦楽器が使われる。情緒あふれる音楽と踊りに人気が集まり、富山を代表する祭りとなった。[富山市八尾地域／9月1日～3日]

加茂神社のやんさんま

加茂神社の春の大祭。田の神がのった牛をひざまずかせ豊作を祈願する牛乗式や、獅子舞などの神事がおこなわれる。祭礼の最後の流鏑馬は、参道を走る馬上から的をめがけて矢を放つ勇壮な神技で、祭りのよび物になっている。[射水市／5月18日]

全日本チンドンコンクール

富山市に春を告げる風物詩として親しまれている。

全国から約250人のチンドンマンが集まり、ど派手な衣装で口上や演技などを競う。1955（昭和30）年から富山桜まつりのメインイベントとしておこなわれるようになった。[富山市／4月1週目の金～日曜]

石川県

石川県には気多大社や白山比咩神社などの大きな神社があり、伝統的な祭礼が伝えられています。そのほかの祭りや芸能は、城下町である金沢より、能登半島や白山麓でさかんであり、御陣乗太鼓など世界で公演活動をおこなうものもあります。

氣多大社のおいで祭り（平国祭）

御祭神の大国主大神が邪神などを征服し、北陸道を開拓した跡をしのぶ神事。

氣多大社は北陸道で有数の由緒ある神社で、古い時代の祭礼を伝える神事が多い。「おいで祭り」は、能登国じゅうを神輿が巡行した大がかりな神事。現在は、2市2郡の300kmの行程を5泊6日かけて巡行する。
［羽咋市／3月18日～23日］

能登のキリコ祭り

能登半島全体で約200回の祭りがおこなわれている。

巨大灯籠「キリコ」が、担ぎ出される祭りの総称で、能登半島各地でおこなわれている。キリコの大きさや祭りの内容はさまざま。ある祭りではキリコをかついだまま海に入ったり、ほかではキリコをいきおいよく走らせてぶつけあったり、地域ごとに個性豊かな祭りがおこなわれる。［能登半島の各地／7月～10月］

白山比咩神社の例大祭

白山比咩神社は、全国三千余社の白山神社の総本宮。一年でもっとも大きな祭りである例大祭では、菅原道真ゆかりの梅ヶ枝もちが供えられ、浦安の舞が奉納される。
［白山市／5月6日］

金沢百万石まつり

加賀藩祖・前田利家の金沢城の入城と、その偉業をたたえて開催される。1923（大正12）年からおこなわれていた金沢市祭が起源。祭りの目玉になっている百万石行列では、前田利家公入場行列やお松の方行列、獅子舞などの大行列が4kmにもわたり市内をねり歩く。［金沢市／6月の第1土曜を中心とした3日間］

名舟大祭の御陣乗太鼓

輪島市名舟町の沖合にうかぶ舳倉島にある奥津比咩神社の例祭で、門外不出、一子相伝の御陣乗太鼓が奉納される。1576（天正4）年、攻めてきた上杉勢を、太鼓を打ちならしつつ逆襲し、戦いを勝利にみちびいたのがはじまりとされる。
［輪島市／1月20日］

福井県

都がおかれた近畿地方に隣接しているため、若狭の神宮寺の「お水送り」のように、都にあった寺院と直接的なつながりがある祭礼があります。また「京都は遠ても18里（約72km）」とうたわれ、遠くても知れたものと考えられていました。

敦賀の綱引き

400年以上つづけられてきた小正月の伝統行事。長さ50mもの大綱を数百人の男女が「夷子」と「大黒」に分かれて引きあう。夷子側が勝てばその年は豊漁、大黒側が勝てば豊作になるとされている。[敦賀市／1月]

勝山左義長まつり

各町内に高さ6mのやぐらが12基立ち、その上で赤い長襦袢で女装した男衆が子どもとともに、囃子を鳴らしながら踊る。2日目の夜には「どんど焼き」がおこなわれ、その年の五穀豊穣と鎮火が祈願される。
[勝山市／2月の最終土・日曜]

300年以上の歴史があり、全国の左義長のなかでも長く伝承されている。

若狭のお水送り

奈良東大寺の「お水取り」に先がけて、小浜市の神宮寺でおこなわれる。3000人ほどの行列が手に松明をもち、遠敷川上流へ向かう。目的地で護摩が焚かれると、住職が祝詞を読みあげ、竹筒からお香水を川へ注ぐ。この水は10日かかって東大寺の若狭井にとどくとされている。
[小浜市／3月2日]

氣比神宮例祭

長期間にわたり行事をおこなうことから「氣比の長まつり」として知られる。2日は山車の上で子どもたちが踊りを奉納し、市内を巡行する宵山祭、3日は古式ゆかしい神輿巡行、4日は6基の山車が出そろう例大祭、5日から10日は後祭、15日に月次祭をおこない、長い祭りは幕をとじる。
[敦賀市／9月2日〜15日]

糸崎の仏舞

舞手は糸崎うまれの者にかぎられる。

糸崎寺に1200年以上前から伝わり、隔年の4月18日のほか、32年目の大開帳と17年目の中開帳に各10日間舞われる。寺にもうけられた石舞台で、仏面と黒い僧衣を身にまとった8人の舞人たちが優美な舞を披露する。[福井市／隔年の4月18日]

山梨県

県の南部に富士山がある山梨県には、富士山を御神体とする浅間信仰の神社が点在していて、これらの神社による祭礼が伝えられています。また、戦国時代の領主である武田信玄をしのぶ祭りが、近年には多数おこなわれるようになりました。

吉田の火祭り

大松明は高さ約3m、直径90cmの大きさ。

北口本宮冨士浅間神社と摂社である諏訪神社の祭礼。正式な名称は「鎮火祭」であり富士山の噴火をしずめるためにおこなわれる。26日の夕方、神輿が御旅所に入ったあとに、町内に80本もの大松明が灯される。夜のまちがもえあがるようなようすから、奇祭としても知られている。[富士吉田市／8月26日・27日]

山中諏訪神社の安産祭り

安産にご利益があるとされる山中諏訪神社の例大祭。神輿をかついだ氏子の女性には、安産が約束されるといわれている。じっさいには、神輿をかつぐかわりに、神輿のうしろに多くの女性たちが連なり列をなす。こうすることでかつぐのと同じご利益があると信じられている。[山中湖村／9月4日〜6日]

信玄公祭り

武田信玄は甲斐国、信濃国を拠点とした戦国武将。

武田信玄の命日には、甲府周辺でさまざまなイベントがもよおされる。「信玄公祭り」はそのなかでも最大の祭りで、「川中島大合戦」に出陣するようすを忠実に再現する。信玄を中心に武田24将の軍団が編成され、騎馬30頭あまり、武者約1500人が参加し、圧巻の戦国絵巻をくりひろげる。[甲府市／4月12日以前の金〜日曜]

浅間神社大神幸祭

「おみゆきさん」とよばれ親しまれている浅間神社の例大祭。赤い浴衣で女装した男衆がかつぐ神輿は、片道約24km先の甲斐市竜王釜無河畔信玄堤まで渡御し、古式どおりに川除祭がおこなわれる。825（天長2）年ごろ、甲府盆地を襲った大水害後に始まった水防祈願が起源とされる。[笛吹市／4月15日]

長野県

南信州とよばれる地域は、「民俗芸能の宝庫」として知られ、県内の国の重要無形民俗文化財9件のうち5件が同地域に集中しています。また、長野盆地や諏訪盆地など盆地ごとに、伝統的な行事の形態が大きくことなっています。

坂部の冬祭

大森山諏訪神社でおこなわれる、夕方から24時間もつづく冬祭り。明け方に赤鬼が大まさかりをもってあらわれ、ふたりの宮人がささげもつ松明をまさかりで切る「たいきり面」が祭りのいちばんの山場。国の重要無形民俗文化財に指定されている。[天龍村／1月4日・5日]

御柱祭

諏訪大社の上社（諏訪市）と下社（下諏訪町）が6年ごとにおこなう祭り。宝殿のつくりかえと、その四隅に「御柱」を立てるのが祭りの目的で、4月初旬の「山出し」と5月初旬の「里曳き」が見せ場となっている。[諏訪市・下諏訪町／6年ごとの4月・5月]

御柱に使われるのは樹齢150年を超えるモミの大木。

穂高神社の御船祭

高さ6mの巨大な船形の山車をぶつけあう勇壮な祭り。海のない信州にもかかわらず、船形の山車が使われるのは、北九州や朝鮮半島を拠点とする海人族の「安曇族」が信州安曇野地方に移住したことに由来するという説がある。[長野市／9月26日・27日]

野沢温泉の道祖神祭り

日本を代表する道祖神行事のひとつ。

壮大な規模でおこなわれる「どんど焼き」。一日で組んだ社殿をもやそうとする火付け役と阻止しようとする火消し役に分かれてせめぎあう。社殿に火が入ると冬の夜空をこがす巨大な炎があがる。火消し役は厄年の男衆の役目で、参加することで一人前としてみとめられる。[野沢温泉村／1月13日～15日]

新野の盆踊り

楽器を使わず唄だけで踊られる盆踊り。瑞光院の開山祝いに三河から来た人が寺の庭で踊ったのがはじまりといわれる。標高800mの高原の盆地にある阿南町新野は、峠道でしか行き来できない地理的に不便な土地であることから、雪祭りなどほかにも特殊な民俗芸能がのこされている。[阿南町／8月14日～16日]

道の神さま、道祖神

道祖神は、石像などの形でまつられる神さま。悪霊や疫病が村に入らないように、道の辻や村境、峠などにまつられてきました。全国的に広まっている信仰ですが、甲信越地方や関東地方に多く見られます。とくに長野県には、道祖神祭りをおこなう野沢温泉、道祖神が点在する諏訪市などがあり、道祖神信仰がさかんです。なかでも安曇野市には、500体を超える道祖神があり道祖神の宝庫といわれています。

岐阜県

「どぶろく祭り」や「六日祭」など、全国的にもめずらしい祭りが多い北部に対し、中部から南部は「郡上おどり」をはじめ、「鎌倉踊（揖斐川町）」や「杵振り踊り」（中津川市）など、踊りを中心にした祭りが有名です。

手力の火祭り

音と火の、迫力あふれる手力雄神社の例祭。滝のようにふりそそぐ火の粉のなか、火薬をしこんだ神輿をかつぐ。神輿の火薬に火がつくとさらに火がふきあがり、そのあいだを鐘を鳴らしながら男衆が乱舞し、爆竹が打ち鳴らされる。［岐阜市／4月の第2土曜］

高山祭

高山市は城下町・商家町の姿が保全され飛騨の小京都といわれている。

お囃子や雅楽に先導されながら、豪華絢爛な屋台と総勢数百名におよぶ祭行列が古い町並みをめぐる。春は日枝神社の、秋は櫻山八幡宮の例祭として、年に2回おこなわれる。屋台と行列の優雅なおもむきから、日本三大美祭のひとつにあげられている。
［高山市／4月14日・15日、10月9日・10日］

郡上おどり

7月から9月の約30夜にわたり踊られる、日本一長い盆踊り。8月のお盆時期の4日間は徹夜で朝方まで踊りつづけるため、この期間は「徹夜踊り」といわれる。約420年の歴史があり、江戸時代にさかんになった。

地元の人も観光客も一体となり踊りあかす。
［郡上市／7月～9月］

長滝白山神社の六日祭

国指定重要無形民俗文化財の「長滝の延年」が舞われ、その途中から「花うばい」がおこなわれる。花うばいとは、拝殿の天井につるされた5つの大きな花笠を、人ばしごを組んで飛びつき、うばいあうというもの。花をもちかえると豊作、豊蚕、家内安全、商売繁盛になるといわれている。［郡上市／1月6日］

どぶろく祭

白川郷は合掌造りの集落が多くのこる地域。

白川郷で9月下旬から10月にかけて盛大におこなわれる。どぶろくというにごり酒を山の神さまにささげる神事とともに、獅子舞、民謡や舞踊などの行事が奉納される。［白川村／9月～10月］

静岡県

江戸と京都、大坂をむすんだ東海道には、57の宿場があります。そのうち22の宿場は静岡県内にあり、それぞれの宿場を中心に宿場町が発展しました。三嶋大社がある三島や浜松まつりをおこなう浜松も宿場町のひとつです。

三嶋大社の田祭と御田打ち神事

御田打ち神事のはじまりは平安時代と伝えられている。

田祭は、三嶋大社の新年7日の恒例行事。田祭のあとには御田打ち神事がおこなわれる。御田打ち神事では、稲作のはじまりから終わりまでが狂言風に演じられる。[三島市／1月7日]

浜松まつり

440年以上つづく、凧あげ祭り。日中は海辺での勇壮な凧あげ合戦、夜は中心市街地で豪華な御殿屋台が曳きまわされる。凧あげは引馬城主の跡継ぎ誕生を祝って、城中に高くあげたのがはじまりと伝えられている。
[浜松市中区ほか／5月3日～5日]

西浦田楽

1300年のあいだ水窪地区で受けつがれてきた国指定の重要無形民俗文化財。旧暦の1月18日の月の出から翌日の日の出まで、厳冬の観音堂で夜をてっしておこなわれる。演者は親から子へと受けつがれ、肉食をしない、不幸に近よらないなどきびしい戒律を守りつづけている。[浜松市天竜区／2月]

御船神事

海上安全を願って、牧之原市の4つの神社でおこなわれる。男衆が菱垣廻船の模型をかついで船首と船尾を交互にもちあげ、荒波を航海するようすを威勢よくあらわしながらまちなかをねり歩く。
[牧之原市／9月～11月]

大江八幡宮の御船神事は国の重要無形民俗文化財に指定されている。

黒船祭

1854（嘉永7）年、ペリーひきいるアメリカの艦隊が下田に来航し、日本は長い鎖国*時代を終えた。黒船祭は、下田のペリー来航を記念して1934（昭和9）年に開始。パレードや綱引き大会など、日米合同のイベントなどがおこなわれる。
[下田市／5月第3金～日曜]

＊外国との貿易や交流、人の出入りを禁じた江戸幕府の政策。

愛知県

さまざまな伝統的な祭りと芸能が点在しています。なかでも愛知県の東部にある奥三河は、各地でおこなわれる花祭りや田楽踊りなど、伝統芸能が多くのこっています。古来のようすを伝える行事は、学術的にも貴重なものとされています。

熱田神宮の熱田まつり

熱田神宮でもっとも重要な祭り。神事により皇室の繁栄と国の平安が祈願されるとともに、提灯を半球状にともした献灯まきわらの点火や花火など、さまざまな奉納行事がもよおされる。[名古屋市熱田区／6月5日]

亀崎潮干祭

300年以上つづく神前神社の祭礼。豪華な刺繍や彫刻でかざられた5台の山車が、威勢のよいかけ声とともに干潮の浜へ曳きおろされる。2006（平成18）年に国の重要無形民俗文化財に指定された。[半田市／5月3日・4日]

奥三河の花祭

北設楽郡一帯の神社や集会所で、冬のあいだ次つぎと開催される舞が中心の祭り。神である舞手とともに踊ることで神と一体になると考えられている。悪霊をはらい、五穀豊穣、無病息災を願って鎌倉時代からつづけられてきた。
[東栄町、豊根村、設楽町／11月～3月]

40種類にもおよぶ舞が夜をてっしておこなわれる。

鳳来寺田楽祭

鳳来寺の守護神となるように、首を切られて本堂下に埋められた3匹の鬼がいたとされる。鳳来寺田楽祭は鬼の供養のために500年にわたりおこなわれてきた。田楽は24演目、獅子舞や稚児舞なども披露される。[新城市／1月3日]

豊橋鬼祭

「天狗と赤鬼のからかい」という行事で知られる、安久美神戸神明社の例祭。平安から鎌倉時代に流行した田楽に日本建国の神話を取りいれて神事としたもので、国の重要無形民俗文化財に指定されている。「天狗と赤鬼のからかい」では、武神（天狗）との戦いにやぶれた赤鬼が、つぐないにタンキリあめと白い粉（小麦粉）をまきながら境外へ飛び去る。[豊橋市／2月10日・11日]

近畿地方 地域の特性と伝統行事

三重県
面積：5,774km²（全国25位）
人口：183万人（全国22位）
県花：ハナショウブ
県鳥：シロチドリ

滋賀県
面積：4,017km²（全国38位）
人口：142万人（全国26位）
県花：シャクナゲ
県鳥：カイツブリ

京都府
面積：4,612km²（全国31位）
人口：261万人（全国13位）
府花：シダレザクラ
府鳥：オオミズナギドリ

大阪府
面積：1,905km²（全国46位）
人口：884万人（全国3位）
府花：サクラソウ・ウメ
府鳥：モズ

兵庫県
面積：8,401km²（全国12位）
人口：554万人（全国7位）
県花：ノジギク
県鳥：コウノトリ

奈良県
面積：3,691km²（全国40位）
人口：138万人（全国30位）
県花：ナラノヤエザクラ
県鳥：コマドリ

和歌山県
面積：4,725km²（全国30位）
人口：97万人（全国40位）
県花：ウメ
県鳥：メジロ

※人口は平成26年10月1日現在

三重県

日本最大の半島で、本州の中央付近にある紀伊半島の南東部に位置しています。広く海に面していることから、海の幸にめぐまれ、古代には天皇に食糧を献上する国「御食つ国」として知られていました。伝統的な芸能は「伊勢大神楽」が知られています。かつては伊勢神宮の、現在は伊勢大神楽講社のお札を配布し、獅子舞を披露するもので国の重要無形民俗文化財に指定されています。

伊勢市にある伊勢神宮。江戸時代には庶民による伊勢もうでがさかんにおこなわれた。

滋賀県

滋賀県は日本最大の湖、琵琶湖を中央にもつ内陸県です。古くから仏教文化がさかえてきたことから、国宝をふくむ国の重要文化財数は全国4位で約820件あります。とくに仏像の指定件数が多く全国1位となっています。一方、祭りや伝統芸能が対象になる民俗文化財は「長浜曳山祭の曳山」「近江中山の芋競べ」「三上のずいき祭」の3件が指定されています。

「三上のずいき祭」では、五穀豊穣を感謝して、さといもの茎（ずいき）で神輿をつくる。稲作の発達が不十分だった山間の地では、さといもが重要な食料だったことを物語っている。

京都府

京都府は福井県、滋賀県、三重県、奈良県、大阪府、兵庫県と隣接し、北部は日本海と接しています。長岡京がおかれた長岡京市、平安京がおかれた京都市はいずれも南部に位置しています。京都市は1000年のあいだ都がおかれたため、寺、神社が多く、

祇園の八坂神社。平安京がおかれる以前から現在の地に建てられていたとされる。

毎日のようにどこかで行事がおこなわれています。王朝の文化を伝えるような優雅な祭りが多いのも特徴です。

大阪府

近畿地方のほぼ中央に位置する大阪府は、東京に次ぐ大都市です。豊臣秀吉が大坂城をつくってからは政治・経済の中心となり、江戸に首都が移ってからも「天下の台所」といわれ商業都市として栄えてきました。商業都市だったことから町人が主役となり、威勢がよく勇壮な祭りが多く見られます。日本三大祭りにかぞえられる天神祭など、大規模なものが多いのも特徴です。

大阪城内の豊国神社には豊臣秀吉の銅像がある。

兵庫県

兵庫県は、近畿地方西部に位置しています。北は日本海に面し、南は瀬戸内海から淡路島を介して太平洋へとつづいています。瀬戸内海側と中央の山間部、日本海側で気候がこ

淡路島でもっとも古い神社のひとつ、石屋神社で春と秋におこなわれる祭りには、だんじりが宮入りし、熱気につつまれる。

となり、歴史や風土、産業などのちがいから、摂津、播磨、但馬、丹波、淡路の5つの地域に分けられます。

奈良県

奈良県は、紀伊半島の真んなかにある内陸県です。飛鳥時代、奈良時代に都がおかれ、794（延暦13）年に平安京に都が移されるまで、日本の中心でした。奈良時代の都、平城京はいまの奈良市にありました。法隆寺や東大寺、春日大社など当時つくられていまものこる寺社は、古代の寺社のようすをいまに伝えるとともに、古い時代の祭りや行事も伝えています。

春日大社は、768（神護景雲2）年、平城京の守護と国民の繁栄を祈願するために創建された。ここでは800年以上つづく奈良の伝統行事「春日若宮おん祭」もおこなわれる。

和歌山県

和歌山県は、紀伊半島南西部に位置しています。県の南東部には世界遺産に登録されている熊野三山があり、那智の田楽など国指定の無形民俗文化財が点在しています。

熊野本宮大社、熊野速玉大社、熊野那智大社（写真）の3つをあわせて熊野三山とよぶ。県南東部に20〜40kmの距離を経て各大社がある。

三重県

三重県には、「日本人の心のふるさと」といわれる伊勢神宮があります。伊勢神宮は、内宮と外宮をはじめとする125のお宮の総称です。これらのお宮では、年間で1500もの祭りがおこなわれ、伊勢を中心とした祭りの文化をかたちづくっています。

尾鷲神社のヤーヤ祭

300年以上つづくといわれる尾鷲神社の例祭。「チョウサじゃ」のかけ声とともに男衆がはげしくぶつかりあう「練り」や、厄年の男性が全裸で極寒の海へと飛びこみ身を清める「垢離かき」などがおこなわれる。
[尾鷲市／2月1日〜5日]

潮かけ祭り

海の守り神である市杵島姫命が、八雲神社から沖合の無人島、大島に里帰りするのを祝う祭り。大島で海上安全と大漁を祈願し、その帰りは大漁旗をはためかせた漁船どうしが近づき、漁師や海女がたがいにはげしく海水をかけあう。
780年の歴史がある、盛大に水をかけあう奇祭。
[志摩市／7月ごろ（旧暦の6月1日）]

伊雑宮御田植式

伊雑宮は伊勢神宮の125あるお宮のひとつ。

大きなうちわのついた忌竹をうばいあう竹取神事や、田楽がひびくなか白い着物に赤いたすきがけをした早乙女たちによっておごそかにおこなわれる御田植神事など、古式にのっとった大田植がおこなわれる。国の重要無形民俗文化財に指定され、住吉神社（大阪府）、香取神宮（千葉県）とともに日本三大田植祭りのひとつとされている。
[志摩市／6月24日]

上野天神祭

400年の歴史があり、国の重要無形民俗文化財に指定されている。25日の本祭は、だんじりを出すまちの「起し太鼓」で幕を開け、上野天神宮の神輿、鬼行列、だんじりの行列が町をねり歩く。名物は、鬼行列のなかのひょろつき鬼。千鳥足の独特な動きで子どもを泣かせ、大人を笑わせる。
[伊賀市／10月23日〜25日]

伊勢神宮の神嘗祭

伊勢神宮でおこなわれる年間1500の祭りのなかでもっとも重要な祭り。その年に収穫された米を最初に天照大御神にささげて、めぐみに感謝する神事がもよおされる。「神宮の正月」ともいわれ、この祭りにあわせてさまざまな祭具が新調される。
[伊勢市／10月15日〜25日]

20年に一度の祭り、式年遷宮

伊勢神宮では、20年に一度、社殿を新しく建てかえる祭り・式年遷宮がおこなわれています。社殿の材料になる木の伐採から神さまが新しい社殿へうつるまで、たくさんの神事がおこなわれ、期間は8年にもおよびます。日本の最大規模の祭りのひとつです。

滋賀県

「長浜曳山まつり」のように、琵琶湖東岸には曳山を使った祭りが数多くあり、各町ごとに曳山の様式にちがいが見られます。また、日吉大社と多賀大社という大きな神社があり、それぞれ長い歴史をもった祭りがおこなわれています。

日吉大社の山王祭

1200年以上の歴史をもつ祭り。祭礼中は、1基1500kgにもおよぶ7基の神輿が登場。松明の火だけをたよりに神輿が急坂をかけおりる勇壮な神事や、神輿をゆさぶる「神輿振り」などがおこなわれる。
[大津市／4月12日～14日]

多賀大社の万灯祭

祖先の霊を守護する多賀大社の神さまに感謝をささげる祭り。境内には、全国からよせられた1万数千灯を超す提灯がかざられる。その提灯の下で、3日間にわたり各種の行事がおこなわれる。[多賀町／8月3日～5日]

篠田の花火

篠田神社の例祭としておこなわれるしかけ花火。10か月かけて制作された花火は、幅16m、高さ9mの大きさ。毎年、ことなるテーマの絵を炎でえがきだす。
[近江八幡市／5月4日]

花火は篠田神社の氏子が中心となって制作される。

近江中山の芋競べ祭り

平安時代末期から日野町中山の東西ふたつの集落で代だい受けつがれてきた。古式にのっとって神事がおこなわれたあと、東西それぞれの集落で収穫されたもっとも大きな里芋の長さをきそう。[日野町／9月1日]

西が勝てば豊作、東が勝てば不作といわれている。

長浜曳山まつり

江戸中期から装飾の豪華さをきそいあうようになった。

高山祭（岐阜県）、祇園祭（京都府）とともに日本三大山車祭りのひとつにかぞえられ、国の重要無形民俗文化財指定。長浜城主の豊臣秀吉が男子誕生を祝って城下の人びとに砂金をふるまい、町民がこれをもとに12台の山車をつくって曳きまわしたのがはじまり。[長浜市／4月13日～16日]

京都府

京都の三大祭りは「葵祭」「祇園祭」「時代祭」。「時代祭」は、明治時代に始まった祭りですが、「葵祭」「祇園祭」はいずれも平安時代に始まりました。そのほかにも伝統ある祭りや行事が無数にあり、古都の歴史を伝えています。

葵祭

賀茂御祖神社（下鴨神社）と賀茂別雷神社（上賀茂神社）、両社の例祭で、平安時代から国家的な行事としておこなわれてきた。祭り最大の見どころは「路頭の儀」。総勢約500人のはなやかな王朝行列が、京都御所を出発し、新緑の都大路を下鴨神社へ、そして上賀茂神社へと進む。
[京都市／5月15日]

京都五山送り火

5分ずつ時間をずらして点火される。

盆にむかえた先祖の霊を送りかえすのが「送り火」。「京都五山送り火」では、東山如意ケ嶽をはじめとする5つの地区の山やまに炎がともされ「大」などの文字や船などの形がうかびあがる。[京都市／8月16日]

祇園祭

八坂神社の祭礼。およそ1100年前に災厄の除去をいのる祇園御霊会をおこなったのがはじまり。17日の神幸祭の日と24日の還幸祭の日におこなわれる山鉾巡行は、にぎやかな祇園囃子が鳴りひびき、1か月の祭り期間中で最高潮のもりあがりをみせる。[京都市／7月1日〜31日]

北野天満宮の梅花祭

祭神の菅原道真の命日に900年にわたってつづけられてきた。道真が梅の花が好きだったことから、梅の花をそえた神饌＊を供え、祭典をおこなう。また芸妓の奉仕による茶会は、祭りの名物となっている。
[京都市／2月25日]
＊神さまの食べ物

京都に息づく伝統文化

1000年ものあいだ日本の首都として栄えてきた京都は、いまも伝統文化の発信地です。たとえば華道のすべての流派の元になっている池坊家は、京都にある六角堂の住職も兼ねていて、華道の一大中心地となっています。千利休によって形づくられた茶道も、利休の子孫による表千家、裏千家、武者小路千家の「三千家」などが京都に本拠地をかまえているほか、能や、日本舞踊、狂言など、京都に本拠をおく伝統芸能の流派はかぞえられないほどあります。

鞍馬の火祭

平安末期に、由岐神社の祭神を京都御所からむかえたときのもようをいまに伝えているといわれる。各家の門口にかがり火がたかれ、大松明が町内をねり歩いたのち、2基の神輿が威勢よく石段をくだり御旅所へと向かう。[京都市左京区／10月22日]

大阪府

大阪を代表する祭りは夏に集中しています。大阪三大夏祭りは「愛染まつり」「天神祭」「住吉祭」。「大阪の夏祭りは愛染さんで始まって住吉さんで終わる」といわれています。秋には、だんじりという特有の山車が各地で巡行します。

岸和田だんじり祭

約300年前に、五穀豊穣を祈願して発祥した祭り。4tの重さのだんじりをいきおいよく走らせながら方向転換させる「やりまわし」は圧巻。日がくれると、だんじりに200個あまりの提灯が灯され、ゆっくりと町をねり歩く。
[岸和田市／9月]

愛染堂勝鬘院の愛染まつり

江戸時代に芸妓たちがかごで参拝したことにちなんだ祭り。浴衣姿の愛染娘12人をのせた「宝恵かご」行列がまちをねり歩く。愛染娘は「愛染さんじゃ、ほーえーかーごー」と声をあげ、はなやかな笑顔をふりまく。[大阪市天王寺区／6月30日～7月2日]

住吉祭

ワッショイではなくベーラのかけ声で神輿をかつぐ。

住吉大社の夏祭りで、大阪じゅうをおはらいする目的でおこなわれるため「おはらい」ともよばれる。7月の海の日の神輿洗神事から始まり、8月1日の神輿渡御では、およそ300人にかつがれた神輿が、堺市の宿院頓宮まで勇壮にねり歩く。
[大阪市住吉区／7月の海の日、7月30日～8月1日]

今宮十日戎

十日戎は、えびす神をまつる畿内の神社を中心におこなわれる祭りで、縁起物の笹を売る市が立つ。もっとも参拝者数の多い今宮戎神社では、「商売繁盛で笹もってこい」のかけ声が流れるなか、一年間の福をもとめて3日間で約130万人がおとずれる。[大阪市浪速区／1月9日～11日]

大阪天満宮の天神祭

船団の上空には花火が打ちあげられる。

京都の祇園祭、東京の神田祭とともに日本三大祭りのひとつ。25日の渡御が最大のみどころ。まちなかを渡御した行列は、夕方になると船にのりこみ船渡御の列が出発する。菅原道真公の神霊をのせた御鳳輦船を中心に、100艘に約1万2000人がのりこみ約7kmを往復。大船団が大川を行きかうようすは見るものを圧倒する。
[大阪市北区／7月24日・25日]

兵庫県

日本を縦断して県域が広がり、但馬、丹波、摂津、播磨、淡路の5つの地域ごとに気候風土がことなるため、祭りや行事の様式がさまざまです。特色があるのは、播磨地方の秋祭りで、「灘のけんか祭り」のように、屋台のねりだしがおこなわれます。

灘のけんか祭り

白浜町の松原八幡神社の秋季例大祭。3基の神輿をぶつけあう神事と、7台の屋台がはげしくまちをねり歩く屋台ねりが祭りの名物。はげしくこわせばこわすほど神意にかなうといわれる。
[姫路市白浜町／10月14日・15日]

大杉ざんざこ踊り

鬼踊りともよばれ、毎年8月16日に二ノ宮神社に奉納される。大シデとよばれる長さ2mの大うちわをせおった4人の中踊りを、30人ほどの踊り子が腰太鼓を打ちながら取りまき、力強く跳ね踊る。[養父市／8月16日]

地方色豊かな踊りは国選択無形民俗文化財となっている。

浜坂川下大祭

7月中旬の3日間にわたり宇都野神社でおこなわれる。神輿がにぎやかに町内をねり歩くほか、江戸時代から氏子に伝えられている麒麟獅子が奉納される。京都の八坂神社から神さまの分霊をむかえたときに、祇園祭にちなんで祭りをおこなったのがはじまりだといわれている。[新温泉町／7月]

長田神社の追儺式

室町時代から続く行事。

春の節分行事で、鬼は災厄をあらわすものとされるのが一般的だが、長田神社の追儺式*の鬼は神のつかいとされる。須磨の海岸で身を清めた7人の鬼役は、たいまつの炎で災いを焼きつくし、太刀で不吉を切りすて、一年の無病息災を願い、春を祝う。
[神戸市／2月2日・3日]

＊鬼やらい。鬼に象徴される災厄を追いはらう行事のこと。

淡路島の伝統芸能、人形浄瑠璃

淡路人形浄瑠璃は、室町時代後期、西宮神社に仕えていた旅芸人の集団が淡路をおとずれ、人形操りを教えたのがはじまりだと伝えられています。江戸時代には徳島藩主の保護を受けて繁栄し、最盛期には40以上の人形座ができました。各地に伝承される三人遣い人形芝居の多くは淡路系と考えられています。しかし、人形座はだんだんと姿を消し、現在は「淡路人形座」1座のみが活動しています。

奈良県

古代に都がおかれた奈良県には、1000年、2000年という長い歴史をもつ祭りが伝えられています。奈良を代表する神社である春日大社の祭礼、日本書紀にもしるされている廣瀬大社の祭りなど、どれも古代の祭りのようすを伝えています。

春日大社の万燈籠

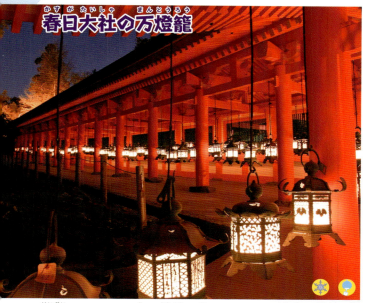

境内にある3000基の灯籠に明かりをともす神事。毎年2月の節分と8月の中元におこなわれる。すべての灯籠は、平安時代から今日にいたるまで、さまざまな願いをこめて寄進されたもの。[奈良市／2月3日、8月14日・15日]

大神神社の大神祭

大神神社は最古の神社の一社で、太古のむかしにつくられたと伝えられる。

2000年以上の伝統をもち、春と秋に各3日間おこなわれる。崇神天皇が疫病の流行を止めるために、おとろえていた大神神社をまつり直したのが大神祭のはじまりとされる。数かずの神事のほか、4人の巫女により神楽「うま酒みわの舞」が奉納される。[桜井市／4月8日〜10日、10月23日〜25日]

若草山焼き

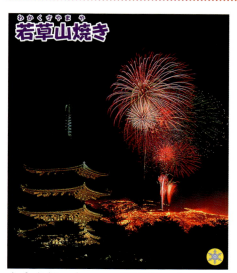

奈良市内を見おろす若草山に火をつけ、山全体を燃やす奈良の冬の風物詩。打ちあげ花火のあと、33haの草地にいっせいに点火される。古都の冬の夜空を赤くそめ、山全体がうかびあがる姿は壮観のひとこと。[奈良市／1月の第4土曜]

廣瀬大社の砂かけ祭

水に見立てた砂をかけあって、多雨を願い豊作の前祝いをおこなう。1300年前に天武天皇がこの地に水の神をまつり、五穀豊穣を祈願する祭りを始めたのが起源とされる。[河合町／2月11日]

談山神社のけまり祭

藤原鎌足公をまつる談山神社で春と秋におこなわれる。鎌足と中大兄皇子が蹴鞠会で出会ったのが大化改新の発端となったことにちなんだ祭り。神事のあと、京都蹴鞠保存会の会員が古式にのっとり優雅に鞠をけりあう。[桜井市／4月29日、11月3日]

和歌山県

熊野三山は、熊野本宮大社、熊野速玉大社、熊野那智大社の3つの神社の総称で、それぞれ長い伝統がある祭りがとりおこなわれています。伝統的な芸能では、田楽や田舞が各地でみられます。

熊野本宮大社例大祭

熊野の神は稚児の頭に宿るとされているため、神事以外では稚児を地面におろさずに進行する。

3日間にわたっておこなわれる、熊野本宮大社でもっとも重要な祭り。13日の湯登神事は和歌山県無形民俗文化財。稚児を肩車した父親らの行列が神歌をうたいながら、熊野本宮大社から湯の峰温泉を往復する。
[田辺市／4月13日〜15日]

熊野那智大社の那智の扇祭り

「那智の火祭り」の通称で知られる。熊野那智大社の神が那智の滝前にある飛瀧神社へ年に一度の里帰りをするようすをあらわしたもの。神がみをのせた12体の扇神輿を松明の炎で清める神事がおこなわれる。[那智勝浦町／7月14日]

熊野速玉大社御船祭

紀南地方で一番の船祭として名高い。

1800年以上の伝統がある、熊野の神がみがこの地にやってきたようすを再現した神事。9隻の船が御船島の周囲を3周するあいだに速さをきそう早船競漕が、祭りの最大のみどころとなっている。
[新宮市／10月15日・16日]

出雲の神さまの集いに寝坊して落ちこんだ丹生都姫命を、心配した村人たちが「笑え、笑え」となぐさめ元気づけたのが起源と伝わる。祭りでは、滑稽な化粧をした先達が「笑え、笑え」と沿道をねり歩き、見物人を笑わせる。
[日高川町／10月の体育の日の前の日曜]

丹生神社の笑い祭

粉河産土神社の粉河祭

細長く割った竹ひごを、だんじりの上からさげたかざり物が特徴。

和歌祭（紀州東照宮）、田辺祭（闘鶏神社）とともに紀州三大祭りのひとつ。宵祭の夜にはきらびやかにかざりつけられただんじりが、いさましいかけ声とともに運行される。本祭には隔年で渡御式がとりおこなわれ、馬にまたがった武者姿の稚児やかみしもをつけた行列が、総勢400人以上でねり歩く。[紀の川市／9月〜10月]

もっと知りたい！
日本全国に広がる阿波踊り

日本三大盆踊りのひとつに徳島県の「阿波おどり」があります（→78ページ）。本場・徳島に次いで、阿波踊りがさかんにおこなわれているのが首都圏です。さらに、その波は全国にまで広がっています。

東京・高円寺から阿波踊りブームが発生

　阿波踊りが首都圏に広がるきっかけになったのは、「東京高円寺阿波おどり」です。1957（昭和32）年に、東京の杉並区高円寺にある駅周辺の商店街振興組合に青年部が誕生し、商店街に人をよぶイベントをおこなうことを目的に、阿波踊りがはじまりました。

　ところが、当初は踊ったことも見たこともない人たちによるもので、「阿波踊り」を名のるのはおこがましいと「馬鹿踊り」と称して見よう見まねで踊っていました。しかし、本場・徳島へ視察に行ったり、指導者をまねいて踊りの練習をつみかさねたりしながら踊り手と観客をふやし、いまでは1万人以上の踊り手と約100万人の観客を動員するほどになりました。

　そもそも町おこしになぜ阿波踊りが選ばれたのでしょうか？　当時の話し合いでは、神輿をかつぐ祭りや盆踊りが提案されましたが、神輿は制作にお金がかかり、盆踊りはヤグラを組む場所がないため実行できませんでした。そこで、お金もかからず場所もいらずに実現できる「道を踊り歩く祭り」が選ばれたのです。

　東京高円寺阿波おどりの成功が地域おこしの例となり、ほかの町でも取りいれられるようになりました。いまでは、阿波踊りは首都圏ばかりでなく、日本各地で開催されるようになっています。

❶北海道	仁木町うまいもんじゃ祭り	(仁木町)
❷山形県	みちのく阿波おどり in 郡山	(山形市)
❸東京都	東京高円寺阿波おどり	(杉並区)
	初台阿波踊り大会	(渋谷区)
	糀谷阿波おどり	(大田区)
	下北沢一番街 阿波おどり	(世田谷区)
	神楽坂まつり	(新宿区)
	東京大塚阿波踊り	(豊島区)
	中村橋阿波踊り	(練馬区)
	きたまち阿波おどり	(練馬区)
	かせい阿波おどり	(中野区)
	三鷹阿波踊り	(三鷹市)
	小金井阿波おどり	(小金井市)
	中目黒夏まつり	(目黒区)
❹神奈川県	かわさき阿波おどり	(川崎市川崎区)
	神奈川大和阿波おどり	(大和市)
	東林間阿波踊り 東林間サマーわぁ!ニバル	(相模原市南区)
	開成阿波おどり	(開成町)
❺埼玉県	南越谷阿波踊り	(越谷市)
	みさと阿波踊り	(三郷市)
	大江戸新座祭り	(新座市)
❻千葉県	もばら阿波おどり	(茂原市)
	小金宿まつり	(松戸市)
❼群馬県	高崎まつり	(高崎市)
❽静岡県	すその阿波おどり大会	(裾野市)
❾山梨県	かがり火市民祭り	(大月市)
❿愛知県	江南市民サマーフェスタ	(江南市)

中国・四国地方 地域の特性と伝統行事

鳥取県

鳥取県は中国地方の北東部にあり、東西に細長い形をしています。海岸部には県のシンボルでもある鳥取砂丘があり、南には中国山地の山やまが連なっています。砂丘地帯や大山山麓には、縄文・弥生時代の遺跡が分布し、平安時代には県内の山やまが修験道の修行場として発達しました。中世には三佛寺と大山寺が多くの僧侶の兵士をもち、勢力を競っていました。

奈良時代に創建された山岳信仰の霊場「大山寺」。いっときは3000人の僧兵をもったといわれている。

島根県

島根県は中国地方の北西部にあり、日本海に面した細長い形をしています。出雲地方には、『古事記』や『日本書紀』、『出雲国風土記』など、古い時代の書物にしるされた神話ゆかりの地が点在しています。神話のふるさとともいわれ、祭りや伝統行事も、その地に関係する神話の一部分を再現するものが見受けられます。

出雲地方では、旧暦10月に日本じゅうの神さまが集まるといわれている。出雲大社の祭りのなかでももっとも大きな祭事・神事は、まさにその時期におこなわれる。

岡山県

岡山県は中国地方の南東に位置し、瀬戸内海には、岡山県にふくまれる87の島じまが点在しています。

現在の岡山県になる前は、1000年以上にわたり備前・美作・備中の三国に分かれていました。祭りや芸能も、それぞれの国でちがいがあります。

神社を中心とした祭りに関係して発達した神楽は、備中地方に分布する。美作でも一部に分布がみられるが、備前にはその伝統が見られない。写真は備中神楽。

広島県

広島県は、中国地方中南部に位置しています。瀬戸内海にはたくさんの島が点在していますが、広島県には142の島じまがふくまれています。県の南西部には、平安時代に平清盛がつくった嚴島神社があり、海を舞台に平安時代のおもむきを伝える祭りがおこなわれています。

古くから島全体が神として信仰されている「嚴島神社」。一年をとおして、さまざまな行事がおこなわれている。

山口県

山口県は本州最西端にある県です。中世に大内氏が京の都を模したまちをつくり、全国有数の大都市として栄え「西の京」とよばれていました。また、海上・陸上交通の要所である下関や日本三天神のひとつ防府天満宮がある防府など、人と文化が交わる場所が点在し、それぞれ祭りや行事で古い時代のすがたを伝えています。

学問の神さま・菅原道真が日本で最初にまつられたといわれる防府天満宮。京都の北野、九州の太宰府とあわせて日本三天神のひとつとされる。

徳島県

徳島県は四国の東部に位置し、東は紀伊水道をはさんで和歌山県に面しています。徳島県の前身は、阿波とよばれていました。近世に阿波をおさめたのは蜂須賀家です。藍染めや塩などで藩政を豊かにした徳島藩祖・蜂須賀家政のもとで、阿波おどりや人形浄瑠璃などの庶民がたのしむための祭りや芸能がさかんになりました。

阿波といえば、四国八十八ヶ所霊場をめぐる四国遍路の第一番札所が徳島県鳴門市の霊山寺にある。

香川県

香川県は全国の都道府県でもっとも面積が小さい県です。飛鳥時代から江戸時代まで讃岐国とよばれていました。安土桃山時代には、現在の県庁所在地である高松市に高松城がつくられ、讃岐国の中心として栄えました。

古くから「さぬきのこんぴらさん」として親しまれている海の神さまが金刀比羅宮。江戸時代には金比羅参りがさかんになり、周辺には芝居小屋までできるほどのにぎわいをみせた。

愛媛県

愛媛県は四国の北西部から北中部をしめています。江戸時代には、伊予八藩とよばれ、おもに8つの藩が分立していました。このことから現在でも県域は、東部の東予、中央部の中予、南西部の南予と3つの地方に分けられます。各地方には、気候や文化、方言などにそれぞれ特色が見られ、衣食住や祭りなどにもちがいがはっきりとあらわれています。

江戸時代からつづく西条市の伝統的な秋祭りでは、市内の各まちに所属する約150台もの屋台（だんじり、神輿、太鼓台）が奉納される。

高知県

高知県は、四国地方の南半分をしめる四国最大の県です。中央から遠くはなれた地理的な特徴から、高知県には古い習俗が伝えられています。山地に伝えられる「土佐神楽」もそのひとつで、国の重要無形民俗文化財に指定されています。

土佐神楽は、四国山地にそった東西一帯に伝わる神楽の総称。神話を素材にした劇的な舞いなどから構成される。写真はそのなかのひとつ本川神楽の舞。

鳥取県（とっとりけん）

中国地方の最高峰である大山は古くから信仰の対象となった山です。大山寺の「御幸」をはじめ、「夏山開き祭」やお盆の大献灯などの行事は、いまもつづく大山信仰をあらわすものです。また、県内には流しびなや綱引き神事など、古式ゆかしい行事が見られます。

もちがせ流しびな

流しびなは、災いを人形にうつして川や海に流す行事。用瀬町では、旧暦の3月3日のひな祭りに、女性たちが夫婦びなにお菓子をそえて千代川に流し、一年の無病息災を願う。[鳥取市用瀬町／4月]

長谷の牛玉授け・観音市

真冬の深夜に長谷寺でおこなわれる行事。12時に「ごおう」のかけ声で牛玉宝印がえがかれた福木が投げ落とされ、参拝者が競ってうばいあう。福木を手にした人は、商売繁盛や五穀豊穣、家内安全などの新年の福をさずかると伝えられている。牛玉授けの夜が明けると、本町通りに市が立ち、出店をのぞく人びとでにぎわう。[倉吉市／2月]

福木は平年は12本、うるう年は13本用意される。

因幡の菖蒲綱引

5月の節供に因幡地方でおこなわれる。菖蒲などでつくった綱を、子どもたちが引きあう。綱引きの前に綱をもって初節供の家や村じゅうをまわって歩いたり、綱で地面をはげしく打ってまわったりする地区もある。[鳥取市／4月12日～14日]

花湯まつり

地元の人と宿泊客が力をあわせて、大綱を引きあう。

三朝温泉の湯に感謝をささげる祭り。祭りの中心となるのは陣所とよばれる大綱引き神事。前日に編み上げた全長約160m、重さ4tの大綱を、東西に分かれて引きあう。東が勝てば豊作、西が勝てば商売繁盛になると伝えられている。[三朝町／5月3日・4日]

御幸（御輿行幸）

平安時代に始まったと伝えられる大山寺の御幸法要。僧兵や猿田彦、からす天狗などの先導で、神輿が新緑の御幸参道本通りを大山寺まですすむ。[大山町／3年ごとの5月]

鳥取県のシンボル、大山

中国地方最高峰の高さ海抜1709mをほこる大山は、鳥取砂丘とならぶ鳥取県のシンボルです。奈良時代に編さんされた『出雲国風土記』には、「大神岳」や「火神岳」としるされ、信仰の対象として崇拝されてきました。

島根県

古代文化発祥の地として知られる出雲地方には神話にもとづく神事がたくさんあります。出雲地方をはじめ県内では伝統芸能もさかんで、津和野町の鷺舞や松江市の佐陀神能をはじめ、特色のあるものが集まっています。

津和野弥栄神社の鷺舞

雄雌のシラサギの衣装を着けた踊り手が、歌と鐘、太鼓に合わせて、羽を羽ばたかせながらゆったりと優雅に舞う。津和野城主が1542（天文11）年に、疫病をしずめるために京都の八坂神社から山口に伝わった舞を取りいれたのがはじまりとされる。[津和野町／7月20日・27日]

佐太神社の佐陀神能

境内のすべての社の御神座のゴザをしきかえる神事、御座替祭で奉納される。能と謡曲を神楽に取りいれたもので、ほかの里神楽に大きな影響をあたえたとされ、「出雲神楽の源流」ともいわれている。[松江市／9月24日・25日]

山辺神宮祇園大祭

海上の守護神として信仰される山辺神宮の祭り。江戸時代から開始された川渡神事は、「ホーランエー」と古式ゆかしいかけ声で船上の神輿が川面をわたり、航海の安全を願う。川渡神事のみ、こぎ手不足により4年から5年に一度の開催になっている。[江津市／7月]

日御碕神社の神幸神事

日御碕神社は、島根半島の西端に位置し、日沈宮と神の宮という上下2社からなる。「夕日の祭り」とよばれる神幸神事は、夕方6時に始まり、神輿と神職、参列者が日沈宮から経島の対岸に向かい神事がとりおこなわれる。[出雲市／8月7日]

日御碕神社は「日の本の夜を守る」社と伝えられている。

美保神社の青柴垣神事

當屋は365日、海でみそぎをおこなうなどきびしい修行を積む。

美保神社の祭神、事代主神が国をゆずることになったとき、みずから海中に青い柴垣をつくって身をかくしたという神話にちなんだ祭り。一年かけて身を清めた當屋*の夫婦が、生き神として神事をつとめる。当日は青柴垣をかざった2隻の船に當屋をのせ、国ゆずり神話のやりとりの一節を再現する。[松江市／4月7日]

＊祭りの中心的役割を担当する人や家。

出雲の「神在月」と「神在祭」

旧暦の10月（いまの11月）は、全国八百万の神がみが出雲に集まり、縁結びの会議をおこなうといわれています。このため、ほかの土地では旧暦10月を神無月といい、出雲では神在月とよびます。出雲の神在月は、旧暦の10月10日に稲佐の浜で神がみをむかえる神迎神事で幕をあけます。翌日からは出雲大社をはじめ各神社で「神在祭」などがおこなわれ、17日・26日に神がみを見送る「神等去出祭」で幕をとじます。期間中、土地の人びとは、神がみを邪魔しないよう歌や楽器、家の建築などをやめ、静かに過ごすため、「御忌祭」ともよばれています。

岡山県

岡山県には、さまざまな踊りが伝えられています。笠岡市の「白石踊」をはじめ、真庭市の「大宮踊」、高梁市の「松山踊」は岡山三大盆踊りとして知られています。また「西大寺の会陽」のような会陽行事は瀬戸内海沿岸に多く分布しています。備中神楽もさかんです。

西大寺の会陽

福にあやかろうと約9000人の参拝者が境内をうめつくす。

奈良時代に始まった新年の大祈祷。住職が投下する一対2本の宝木をめぐって、まわし姿の男性たちの争奪戦がくりひろげられることから「はだか祭り」ともよばれる。この宝木をさずかった者は、福男とよばれ、幸福が得られるという。[岡山市東区／2月の第3土曜]

牛窓秋祭り

とんがった帽子やあざやかな色の、朝鮮風の衣装を身につける。

牛窓は、朝鮮通信使の寄港地だった港町。牛窓神社の秋祭りには、朝鮮文化を思わせる衣装を着け、化粧をほどこしたふたりの子どもの舞、唐子踊が奉納される。町内を巡行する舟形のだんじりも、朝鮮文化の影響を受けているといわれている。[牛窓町／8月16日]

白石踊

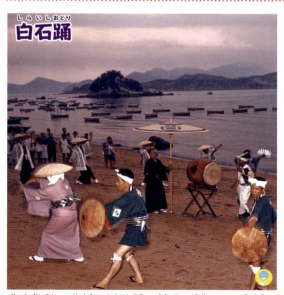

瀬戸内海の離島、白石島の海辺で踊られる古式ゆかしい盆踊り。音楽は太鼓と歌い手の歌のみ。ひとつの曲に対して同時にいくつもの型の踊りが踊られる、ほかに類を見ない形式をもっている。1976（昭和51）年に国の重要無形民俗文化財に指定された。[笠岡市／8月]

阿智神社秋祭

倉敷美観地区の一角にある阿智神社の秋祭り。総勢250人ほどの時代行列が、まちじゅうをねり歩くとともに、じじばばの面をつけた素隠居もくりだす。素隠居が健康をいのって、見物人の頭をたたいてまわるのが風物詩となっている。[倉敷市／10月の第3土曜と翌日の日曜]

広島県

伝統行事は、福山市を中心とした備後地方でさかんで、「吉備津神社のほら吹き神事」のようなユニークなものが伝えられています。県の北部には花田植が分布しています。なかでも、「壬生の花田植」は最大規模をほこっています。

嚴島神社の管絃祭

平安時代に貴族がたのしんだ船遊びを、嚴島神社をつくった平清盛がうつし、あそびではなく神事としてとりおこなうようになった。海を舞台に雅楽をかなでながら、みやびやかな御座船が平安絵巻をくりひろげる。[廿日市市／7月、8月ごろ]

三原やっさ祭り

戦国時代の武将小早川隆景が、三原の湾内に海城を築いたことを祝って、土地の人びとが踊りだしたのがはじまりとされる。やっさ踊りに決まった型はなく、お囃子のリズムにあわせ、それぞれおもしろく、自由に踊られる。[三原市／8月]

吉備津神社のほら吹き神事

節分の日に、大きな焚き火を参拝客が取りまき、奇想天外な大ぼら（大きなウソ）に耳をかたむけ、笑って一夜をすごす。一晩こもって神仏にいのる人びとが、退屈しのぎに世間話に花をさかせたのがはじまりと伝えられている。[福山市／2月3日]

沼名前神社のお弓神事

沼名前神社境内にある八幡神社の年頭行事。「ねーろた、ねろた、親弓がねろた」という囃子ことばがとなえられ、当番町内からえらばれたふたりの若者が弓を引く。矢を放って一年の悪鬼をはらい、無病息災をいのる。[福山市／2月の第2日曜]

壬生の花田植

きらびやかにかざりたてられた牛と早乙女が、お囃子のなか、泥田ならしをおこなう。かつてこの地の大地主が、勢力を誇示するためにおこなったのが、戦後、商店街の客よせ行事として復活し定着した。[北広島町／6月の第1日曜]

豊作を願う田楽の一種。国の重要無形民俗文化財に指定されている。

山口県

山口市は、中世には日本有数の都市でした。「山口七夕ちょうちんまつり」や「山口祇園祭」は、当時の繁栄を伝えるものです。また、904（延喜4）年に創建された防府天満宮のある防府市には、とくに長い歴史をもつ祭りが伝えられています。

防府天満宮御神幸祭（裸坊祭）

太宰府天満宮（福岡県）、北野天満宮（大阪府）とともに日本三大天神のひとつ防府天満宮の大祭で、西日本屈指の荒祭りとして知られる。数千人の裸坊（男衆）が「お網代」という神輿を引き「兄弟ワッショイ」のかけ声も勇ましく、長蛇の列で御旅所までをねり歩く。
[防府市／11月の第4土曜]

1004（寛弘元）年、一条天皇の遣いがはじめて防府天満宮を参拝したことに由来する。

山口祇園祭

京都の八坂神社から分霊をむかえてつくられた山口市の八坂神社で、約550年のあいだ受けつがれてきた。「鷺舞」が奉納されたあと、八坂神社から御旅所まで3基の神輿がまちをねり歩く。[山口市／8月]

笑い講

世襲されてきた21戸の講員が集まり、3度笑いあう。1回目は今年の収穫をよろこび、2回目は来年の豊作をいのり、3回目は今年の苦しみや悲しみをわすれるためであるとされる。
[防府市／12月の第1日曜]

800年以上ものあいだ受けつがれている、めずらしい笑いの神事。

山口七夕ちょうちんまつり

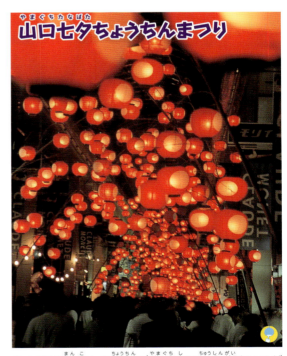

およそ10万個もの提灯が山口市の中心街をいろどる。室町時代、山口をおさめていた守護大名・大内盛見が父母の冥福をいのるために笹竹に灯籠をともしたのがはじまり。やがて町民のあいだに盆行事として広がり、現在に受けつがれてきた。
[山口市／8月24日・25日]

赤間神宮の先帝祭

赤間神宮の祭神は、源平合戦で命を落とした安徳天皇。先帝祭は、安徳天皇の命日に平家の家来や女官が参拝をつづけていたことにちなんでもよおされる。時代とともにはなやかになり、官女や稚児、遊女たちの行列が参拝のようすを再現する。[下関市／5月2日〜4日]

安徳天皇はわずか8歳で、壇ノ浦に入水した。

徳島県

徳島県を代表する祭りは、阿波踊りです。徳島藩祖のもとで広まり、夏になれば県の全域で踊られる風物詩になっています。また、平家落人伝説がのこる西祖谷山村には、伝説をうらづけるようなみやびやかな祭りが伝承されています。

阿波おどり

「ヤットサー」のかけ声と軽快なリズムで踊られる、日本三大盆踊りのひとつ。毎年8月9日に開催される「鳴門市阿波おどり」を皮切りに徳島県内各地で開催される。8月12日から4日間開催される徳島市の「阿波おどり」は日本最大規模。130万人の観客と10万人の踊り子がまちへくりだす。
[徳島県内各地／8月]

400年の歴史をもつ伝統ある盆踊り。

西祖谷の神代踊

西祖谷山は、平家の落人が隠れ住んだという伝説の地。

山の頂にある天満神社の夏祭りで、雨乞いや娯楽として踊りつがれてきた。花笠をかぶった踊り子たちが、扇子をふりながら踊る風流なもので、平安初期の発祥ともいわれている。[三好市／旧暦の6月25日]

宇佐八幡神社のお御供

300年の歴史をもつ伝統行事。当日の夜、かがみもちの供え物をもった氏子の夫婦が行列をなして神社に向かう。拝殿に到着すると供え物をハンボウという丸い桶にうつし、妻が頭にのせて奥に運び供える。神職以外は女性のみで儀式が進行されるのはめずらしく、大きな特色となっている。[鳴門市／10月13日]

犬飼農村舞台

江戸時代、阿波には500の村があり、その約半数にあたる240の村に人形浄瑠璃をおこなう農村舞台があった。犬飼農村舞台では、現在でも伝統を守り活動をつづける勝浦座が、毎年文化の日に公演をおこなう。舞台には132枚の襖を使った42景のからくりがあり、農村舞台は国の重要有形民俗文化財、襖からくりは市指定文化財になっている。[徳島市／11月3日]

香川県（かがわけん）

香川県の祭りには、布団をのせた「ちょうさ」とよばれる山車が出ることが多くあります。「さぬき豊浜ちょうさ祭」は、なかでも大規模なことで有名です。ほかに県を代表する祭りには、金刀比羅宮の例大祭などがあります。

田村神社の御蚊帳垂神事

讃岐国の一宮として信仰を集める田村神社の春季例大祭。農作物に害をなす虫を封じこめるために蚊帳をたらして神輿や舞を奉納し、五穀豊穣を願う。秋季例大祭には蚊帳をはずす「御蚊帳撤神事」がおこなわれる。[高松市／5月7日・8日]

さぬき豊浜ちょうさ祭

金の糸で刺繍をほどこされたきらびやかな「ちょうさ」とよばれる山車が出て、広場や御旅所でかつぎくらべをしながら地区内をねり歩く。夜には提灯が灯され、幻想的な光の乱舞がくりひろげられる。[観音寺市／10月の第2週末]

金刀比羅宮例大祭

10月10日は、年に一度、金刀比羅宮の神さまがふもとの門前町におりる「おさがり」の日。神輿に神さまの霊をのせ、御本宮から町内の神事場まで約2kmを平安絵巻さながらの大行列が巡行する。[琴平町／10月9日～11日]

金刀比羅宮は「こんぴらさん」の愛称で親しまれている。

江戸時代の人気旅行、「一生に一度はこんぴらさんへ」

江戸時代には各地に関所や口留番所が設置され、人の移動は制限されていた。しかし、参拝目的の旅には関所を通過できる通行手形が発行されたため、三重県の伊勢神宮や長野県の善光寺などへの旅が大流行した。香川県琴平町にある金刀比羅宮も人気の参拝先のひとつ。江戸中期にさかんになり、江戸、上方の人たちも金毘羅船にのってやってきたという。歌舞伎の顔見せ興行もする芝居小屋ができたほどのにぎわいだった。この芝居小屋は日本最古のものとして、国の重要文化財に指定されています。

新池神社のひょうげ祭り

讃岐では、おどけることを「ひょうげる」という。

新池神社の神さまとしてまつられる矢延平六は、水不足になりがちな土地に新池をつくった人物。祭りでは、平六のおこないを思いだして、感謝をささげ豊作を祈願する。色あざやかな化粧をし、農作物を中心につくられた衣装を身につけた人びとがひょうげながらねり歩く。[高松市／9月の第2日曜]

愛媛県

愛媛県では、一風かわった祭りが数多く見られます。南予地方の「牛鬼」や今治の「継獅子」など、地域に広く分布し根づいているものや、「きうり封じ」や「どろんこ祭り」など特色のあるものが、伝統行事として受けつがれています。

うわじま牛鬼まつり

現在の牛鬼は、大きさや色、顔もさまざま。

1950（昭和25）年に、和霊神社の祭礼にあわせて始まった。祭りの中心は牛鬼の巡行。牛鬼は若者たちにかつぎあげられながら、家ごとに長い首をつっこんで悪魔払いをする。牛鬼は南予地方の祭りに広く分布している。
［宇和島市／7月22日～24日］

石鎚神社のお山開き大祭

西日本最高峰の山、石鎚山の山開きの神事。初日である7月1日に3体の神像を神輿にのせ、標高1982mの頂上までかつぎあげ、最終日にかつぎおろす。大祭期間中は白装束をまとった信者数万人がおとずれ、ほら貝や鈴の音でにぎわう。
［西条市／7月1日～10日］

春の大祭

今治各地で5月におこなわれる。祭りで奉納されるのは、今治地方に伝承される継獅子。人の上に人が3人、4人と立って獅子を舞う獅子舞で、全国に類を見ないものとなっている。今治には20以上の獅子連があり、毎晩のきびしい練習をつづけ、心をひとつにして祭りで技を披露する。［今治市／5月］

三嶋神社のどろんこ祭り

奥伊予の奇祭ともいわれる。

田植えが終わったよろこびを神に感謝する田休み行事。7頭の牛が横一列になって田をならす代かきのあと、畦に豆を植えたむかしの作業が再現される。ふざけてどろ水をかけあい、どろのなかで取っ組みあいをたのしむのがならわし。
［西予市／7月の第1日曜］

世田薬師のきうり封じ

きゅうりを身代わりにし、病を封じこめる300年来の秘法。毎年、土用の丑の日におこなわれる。難病も3年つづけて「きうり封じ」の祈祷をおこなうと、病気の根が切れるといわれる。［西条市／7月］

高知県

高知を代表する祭りといえば「よさこい祭り」が有名です。昭和に始まった比較的新しい祭りですが、全国に広がるほどの人気があります。ほかには、「久礼八幡宮大祭」「秋葉祭り」「土佐神社のしなね祭」が土佐三大祭りにかぞえられています。

よさこい祭り

鳴子とよばれる打楽器を手にもって踊る。

1954（昭和29）年から始まった、高知県を代表する盆踊り大会。期間中は高知市内16か所の演舞場・競演場が開かれるほか、約200団体、1万8000人の踊り子が、くふうをこらした踊りでまちじゅうをねり歩く。[高知市／8月9日〜12日]

土佐神社のしなね祭

むかしは船にのった神輿が海上をわたっていたため「神の船遊び」とよばれた。

高知を代表する神社の一社、土佐神社の大祭として平安時代からおこなわれる。24日の夕方から夜間は露店がたくさん出店し県内最大の参拝者でにぎわう。25日は古式神事がおごそかにおこなわれる。[高知市／8月24日・25日]

久礼八幡宮大祭

戦国時代からつづく伝統ある祭り。長さ6m、重さ約1tの大松明の行列が神社までねり歩く「御神穀さん」や、太鼓と太鼓をぶつけあう「けんか太鼓」、天狗（の面をつけた）護衛に見守られるなかでおこなわれる神事などで、豊漁・豊作が祈願される。[中土佐町／旧暦の8月14日・15日（9月ごろ）]

秋葉祭り

四国山地の奥深くにある仁淀川町でおこなわれる。岩屋神社から秋葉神社まで200人ほどの行列で神輿をかつぎ歩く。巡行の途中には、先端に鳥の羽をかざりつけた7mもの長さの棒を投げわたす「鳥毛ひねり」がおこなわれ、最大の見どころになっている。[仁淀川町／2月9日〜11日]

祭りや祝い事には皿鉢料理

高知県では、人が集まる席には皿鉢料理という大皿料理が登場します。皿の大きさは、小さいもので30cm、大きいものは1m以上。もりつけや料理の内容に決まりごとはなく、刺身や寿司、煮物、デザートなどを豪快にもりあわせたものです。毎年3月上旬には、個性豊かな皿鉢料理がならぶ「南国土佐皿鉢祭り」もおこなわれています。

九州・沖縄地方 地域の特性と伝統行事

※人口は平成26年10月1日現在

福岡県

福岡県は九州の北に位置し、九州と本州をむすぶ交通の要となっています。古くから東アジアとの交流の拠点であり、九州の政治、経済、文化の中心として栄えてきました。多彩な祭り文化があり、行事や伝統芸能が数多く国の重要無形民俗文化財に指定されています。

太宰府市にある太宰府天満宮。菅原道真をまつる天満宮のひとつ。京都の北野天満宮とともに全国の天満宮の総本社とされる。

佐賀県

佐賀県は九州の北西部に位置しています。佐賀の名前の由来は、日本武尊が「栄の国」とよんだことにちなんで「栄の郡」といわれるようになり、のちに佐嘉郡とよぶようになったと書物にしるされています。焼き物がさかんで、陶器市などの行事でもにぎわっています。

焼き物がさかんな伊万里市で、桜の開花にあわせておこなわれる春の窯元市。

長崎県

長崎県は九州のもっとも西に位置し、日本海と東シナ海に面しています。古代には、壱岐島や対馬島が大陸との交流の中継場所になっていて、鎖国政策が取られた江戸時代にも出島でオランダや中国との貿易がおこなわれていました。長崎の行事や芸能にも、異国情緒ただようものが多くありますが、古い伝統を伝えるものもすくなくありません。

長崎市の出島は、鎖国時代の約200年間、日本でゆいいつ西洋に開かれていた貿易の窓口だった。

熊本県

熊本県は九州のほぼ中央に位置しています。伝統芸能は神楽がさかんです。阿蘇市の中江岩戸神楽、南阿蘇村の長野岩戸神楽、南小国町の吉原岩戸神楽、球磨郡の球磨神楽などが分布しています。

神楽が演じられる神楽殿。県内に点在していて、定期的に岩戸神楽を講演するところもある。

大分県

大分県は、九州の北東に位置し、北は周防灘、東は瀬戸内海と豊後水道に面しています。西部のくじゅう連山は「九州の屋根」といわれ、標高1700mをこえる火山が連なっています。大分県には109の島じまがあり、そのうち人が住む島は10島。人の往来がかんたんでないため、島じまには古来の独特な様式をもつ行事や祭りが、数多く伝えられています。

特徴のある行事は、とくに国東半島部に多く分布する。石信仰の聖地でもある国東半島には、約7mの石仏も見られる。

宮崎県

宮崎県は九州の南東部に位置し、広く太平洋に面しています。太陽がのぼる東に海が開けていることから、古代には日向の国とよばれていました。『古事記』の3分の2が宮崎を舞台にしたと推測されることから、「日本神話のふるさと」ともよばれています。神話ゆかりの神社も多くあり、まつっている神さまに由来する祭りが伝えられています。

宮崎神宮（宮崎市）は、神武天皇の孫の建磐龍尊が九州統治の命を受けたとき、宮崎に来て祖父の霊をまつったのがはじまりと伝わる。市民から「神武さん」と親しまれている。

鹿児島県

鹿児島県は、九州の南端にあり、九州でもっとも広い面積をもっている県です。鉄砲の伝来や幕末の西郷隆盛などの活躍でも知られています。むかしは薩摩とよばれ、島津氏が長く統治していたこともあり、固有の文化がはぐくまれました。

九州地方南部に見られるタノカンサァ（田の神さま）の石像。一部の地方のみの風習だとみられ、稲作を見守り、豊作をもたらすと信じられている。

沖縄県

沖縄県は九州と台湾のあいだにある南西諸島の南半分をしめています。15世紀に琉球王国が成立し、16世紀には奄美から八重山までの島じまを支配下におさめ、海洋貿易国家として栄えました。個性豊かな行事が数多く伝えられていて、民俗行事と民俗芸能の宝庫といわれています。

琉球王国の政治・外交・文化の中心として栄華をほこった首里城。1992年に国営公園として復元され、さまざまな行事がおこなわれている。

福岡県

日本三大八幡宮のひとつである筥崎宮や、学問の神さまとして全国から信仰を集める太宰府天満宮など由緒ある神社が多く、さまざまな祭りがおこなわれています。「博多祇園山笠」や「鬼夜」など、男性的な祭りが多いのも特徴となっています。

博多祇園山笠

合計14の「かざり山」の公開から15日間の祭りが始まる。

櫛田神社の祭りで、770年以上の歴史をもつといわれている。祭りでは豪華絢爛な「かざり山」が公開され、山笠とよばれる高さ16mにもおよぶ山車が競演する。最大の見どころは、7月15日におこなわれる追い山笠。合計8つの山笠が市内をいきおいよくかけめぐり、櫛田神社までの時間をきそう。
[福岡市博多区／7月1日~15日]

筥崎宮の放生会

1000年ものあいだ、殺生をいましめ、収穫に感謝をささげる目的でおこなわれてきた神事。7日7夜にわたり、さまざまな神事や奉納行事がもよおされる。西暦の奇数年には神輿の行列が巡行する。[福岡市東区／9月12日~18日]

太宰府天満宮の鷽替え・鬼すべ神事

18時からおこなわれる「鷽替え神事」は、参加者が木彫りの鷽を交換し、知らず知らずのうちについたすべてのうそを天神さまの誠心にかえ一年の幸福を祈念する。その後21時から始まる「鬼すべ神事」は、災難をしりぞけ、開運を願う勇壮な火祭り。[太宰府市／1月7日]

博多どんたく港まつり

室町時代に始まった領主への年賀行事、博多松囃子を起源とする市民祭り。博多松囃子が約2万5000人の大パレードの先頭に立ち、福神、恵比寿、大黒が列をなし、稚児が舞を披露する。[福岡市／5月3日・4日]

市内30か所にステージがもうけられ、市民が踊りや歌を披露する。

大善寺玉垂宮の鬼夜

1600年の歴史がある「鬼やらい」の儀式。日本一ともいわれる大松明6本を、数百人の男衆が樫の棒でかつぎあげ、本殿のまわりをめぐり、五穀豊穣や家内安全を願う。
[久留米市／1月7日]

松明は長さ約13m、重さ約1.2tにもおよぶ。

ユーモアあふれる「博多にわか」

博多にわかは、博多弁で演じられる話芸。半面を着け、日常生活や世の中のできごとをおもしろいオチをつけて話すもので、郷土芸能として愛されてきました。「にわか」は、全国でも継承されていますが、博多にわかは半面など江戸時代以来の装いを伝えているため福岡市指定無形民俗文化財になっています。

佐賀県

佐賀を代表する祭り「唐津くんち」の「くんち」とは、九州地方における秋祭りの総称で、「佐世保おくんち」や「長崎くんち」など各地のくんちと共通の様式があります。国の文化財には「唐津くんちの曳き山行事」や「武雄の荒踊」などが指定されています。

唐津くんち

唐津神社の秋季大祭。漆でぬられた曳山は世界最大級の漆工芸品で、1819（文政2）年に刀町の木彫家が京都で見た祇園山笠をまねた赤獅子を奉納したのがはじまり。最大の見せ場は、3日におこなわれる御旅所神幸。「エンヤ、エンヤ」のかけ声とともに曳山が町内をかけぬけ、御旅所に14台が集結する。

[唐津市／11月2日〜4日]

呼子大綱引

老若男女が直径15cm、長さ400mの大綱を、ドラと火矢の合図で引きあう。文禄・慶長の役（1592〜1598年）で、豊臣秀吉が名護屋城（呼子町）に滞在していたときに、加藤清正と福島正則の陣営を東西に分け、軍船の綱を引きあわせたのがはじまりと伝わる。

[唐津市／6月の第1土・日曜]

1200年以上の歴史をもつ、粥祭り。2月26日にお粥を炊いて神器に入れ、3月15日にカビの生え具合を見て一年の天候や農作物のでき具合や地震、台風などの吉凶をうらなう。

[みやき町／3月15日]

千栗八幡宮 お粥だめし

「おかいさん」ともよばれる神事。

武雄の荒踊

旧武雄領だけに伝わる芸能で、中野、宇土手、高瀬の3地区の神社に奉納される。宇土手、高瀬地区の踊りは武道の型を思わせる力強さ、中野地区の踊りは優美な手のふりが特徴となっている。400年以上受けつがれてきたもので、国の重要無形民俗文化財に指定されている。

踊り手と笛、鉦、太鼓の囃し方、謡い手で構成される。

[倉吉市／9月]

家の祭り、「くんち料理」

「唐津くんち」の期間中は、各家でくんち料理とよばれる料理が用意され宴がもよおされます。唐津の女性は何か月も前からくんち料理の準備に取りかかり、何人きてもだいじょうぶなように、家によっては100人分、200人分を用意します。料理は家によってちがいますが、アラという大きな魚を焼いてタレをからめて食べることが多くあります。3か月分の収入を唐津くんちで使いつくすといわれることから「三月倒れ」ということばもあるほどです。

長崎県

長崎県の伝統行事には、中国や朝鮮半島との交流を伝えるものがあり、異国情緒がただよう祭りが見られます。一方、「赤米の頭受け神事」のように、古来の様式を代だい受けついでいるものもすくなくありません。

長崎精霊流し

船を曳く行列とともに、爆竹が打ちならされる。

長崎県の盆行事。盆前に死んだ人の霊をなぐさめるため、家いえで手づくりの船をつくり、船を曳きながらまちじゅうをねり歩き、極楽浄土へ送りだす。[長崎県内各地／8月15日]

長崎ペーロン選手権大会

長崎港の夏の風物詩。長さ約14mのペーロン舟に26人の漕ぎ手がのりくみ、太鼓とドラの拍子にあわせ、往復1150mの距離を競漕する。1655（明暦元）年、停泊中の唐船が暴風雨で被害を受けたことから、海神のいかりをしずめるために、唐人たちが舟を借りて競漕したのがはじまり。[長崎市／7月の最終日曜]

平戸ジャンガラ

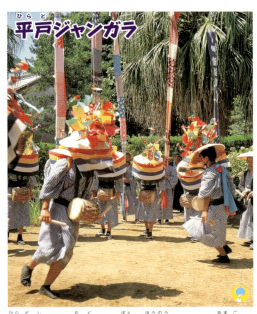

平戸市の9地区でお盆に奉納される、雨乞いや五穀豊穣を祈願する踊り。江戸時代初期には奉納されていたことがわかっているが、起源はさだかではない。一説では、朝鮮半島から伝わったともいわれる。[平戸市／8月14日～16日、18日]

長崎くんち

みごとな演技には、アンコールを意味する「モッテコーイ」のかけ声がかかる。

長崎市民の氏神・鎮西大社諏訪神社の祭りで、約380年の伝統をもつ。中国から伝わったとされる龍踊や日本舞踊の動きをおもしろおかしくした阿蘭陀万歳など、異国情緒あふれる演し物が名物。踊りを奉納するまちは、踊町といい、7年に一度出番がまわってくる。[長崎市／10月7日～9日]

赤米の頭受け神事

豆酘地区では、赤米の精霊を神としてまつる神事が一年をとおしておこなわれている。すべての神事を取りしきる頭仲間とよばれる集団があり、「頭受け神事」では多久頭魂神社の本殿につられた御神体をおろして、前年の頭主から次の頭主へと「神渡り」がおこなわれる。[対馬市／2月]

熊本県（くまもとけん）

女性たちが優雅に舞う「山鹿灯籠まつり」、威勢のよい「藤崎八旛宮例大祭」など、熊本県の大きな祭りは多彩なものが多いのが特徴です。一方で、「川尻精霊流し」など一般的な風習が大規模におこなわれている例もあります。

川尻精霊流し

400年以上の歴史がある盆行事。暗闇のなか、市内を流れる加勢川に、無数の精霊舟や万灯籠が流される。「精霊流し」のあとは花火大会がもよおされる。
[熊本市／7月、8月ごろ]

藤崎八旛宮例大祭

行列には、約2万人と馬約70頭が参加する。

1000年の歴史をほこる藤崎八旛宮の祭り。最終日の神幸式では、神輿を先頭に勇壮な武者行列や新町獅子舞、かざり馬や勢子の「馬追い」などが熊本市街地をねり歩く。むかしから肥後国第一の大祭といわれている。
[熊本市／8月]

阿蘇神社の火振り神事

火のついたカヤの束をふりまわして炎の輪をえがき、豊作を願う田作祭の行事。神社にまつられている国龍神の姫神を氏子が松明をもって出むかえたといういい伝えにならっておこなわれる。[阿蘇市／3月15日]

八代神社の秋の大祭としておこなわれる。江戸時代から受けつがれてきた神幸行列には、笠鉾、亀蛇、木馬など約40もの演し物が参列し、とちゅうで勇壮な演舞をひろうする。神社近くでは、はなやかな獅子舞や迫力ある馬追いがおこなわれ、祭りいちばんの見せ場になっている。
[八代市／11月22日～23日]

八代妙見祭

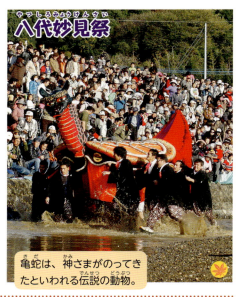

亀蛇は、神さまがのってきたといわれる伝説の動物。

山鹿灯籠まつり

踊り手の灯籠娘は、しきたりにより未婚の女性のみ。

奉納灯籠や花火大会などの行事がおこなわれる、山鹿最大の祭り。いちばんの見せ場は「千人灯籠踊り」。和紙と少量の糊だけでつくられる山鹿灯籠を頭上にのせた女性たちが、「よへほ」の調べにのせて優雅に舞い踊る。
[山鹿市／8月15日・16日]

大分県（おおいたけん）

「古要神社の傀儡子の舞と神相撲」や「姫島盆踊り」など特徴のある行事や祭りは、とくに国東半島や姫島などの島に多く分布しています。奈良時代や鎌倉時代にルーツをもつ行事や祭りがいまでも伝承されています。

姫島盆踊り

鎌倉時代に念仏踊りから発展したものといわれている。子どもたちがゆかいなふりつけで踊るキツネ踊りやタヌキ踊り、男女で踊るアヤ踊りなど、多くの伝統踊り、創作踊りが披露される。[姫島村／8月14日・15日]

日田祇園祭

祇園囃子は江戸時代後期から明治にかけての流行歌をもとに創作されたものが多い。

約300年の伝統をもつ厄除け神事。豪華さを競った9基の山鉾が、まちごとにことなる祇園囃子とともに曳きまわされる。日が落ちると提灯を灯した山鉾が巡行し、祭りは最高潮に達する。[日田市／7月]

本場鶴崎踊大会

450年以上の伝統があり、国選択無形民俗文化財になっている。横笛や胡弓の音色にあわせて1000人もの踊り子が、幾十もの輪になってはなやかに踊る。[大分市／8月]

優雅な猿丸太夫と軽快なテンポの左衛門のふたつの踊りがある。

岩倉社のケベス祭り

起源も祭りの意味もまったくわからない奇祭。奇怪な面をかぶったケベスと守り神のトウバによる火のあらそいがおこなわれ、盛大に火の粉がまいちる。この火の粉をかぶると無病息災にすごせるといわれている。[雲仙市／10月14日]

古要神社の傀儡子の舞と神相撲

約1300年の歴史をもつ、日本最古といわれる人形芝居。笛や太鼓の音にのせて人形（傀儡子）の舞が奉納されると、神がみをあらわす人形が登場し、東西に分かれてあらそう神相撲がはじまる。人形のおもしろおかしい動きに、喝采と笑いがまきおこる。[中津市／3年に一度の10月12日]

春の神さまをむかえる山焼き

全国に名を知られる温泉地、別府の大平山は4月の最初の週末に野焼き「扇山の火祭り」がおこなわれます。山焼きや野焼きは、枯れ草を焼いて土壌を豊かにするためにおこなわれますが、「扇山の火祭り」は温泉神社の春の神事でもあります。冬のあいだ休んでいた温泉の神さまたちに春を告げる行事とされています。

宮崎県

宮崎県は神楽どころとして知られています。高千穂神楽をはじめ、米良神楽、椎葉神楽などが、国の重要無形民俗文化財に指定されています。また、宮崎神宮や青島神社など、歴史の長い神社の祭りがだいだい的におこなわれています。

青島神社の裸参り

「ワッショ！ ワッショ！」のかけ声をかけながら、駆け足で神社へ向かう。

約500人の男女が神社前の真冬の海で禊ぎ*をおこない参拝する。青島神社の神さま「彦火火出見尊」が海神宮から帰ったときに、村人が出むかえの衣類をまとうひまがなく、ふだん着をぬぎ、はだかのままでむかえたという伝説にちなんでいる。[宮崎市／1月の成人の日]

＊神事をおこなう前などに、川や海で身を清めること。

高千穂の夜神楽

毎年11月中旬から2月上旬にかけて町内20集落で演じられる。集落ごとに氏神を神楽宿とよばれる民家や公民館に招き、三十三番の神楽を一晩かけて奉納する。[高千穂町／11月～2月]

宮崎に生きる神楽

神楽とは、豊作や豊漁を感謝して一年の生活の安定をいのる集落の祭りのことです。宮崎は高千穂の夜神楽をはじめ、神楽の文化が根づいていて、11月ごろから3月ごろまで各地でおこなわれます。それぞれしつらえや衣装、時間がことなり、独自の神楽文化を形づくっています。

早馬まつり

都城・北諸地区きっての祭りで、100年以上の歴史をもつ。郷土芸能の棒踊り、奴踊りなどが披露されるのがならわし。なかでも、ジャンカン馬踊りは鈴や俵、花でかざられた馬が軽快に脚を上げ下げし、首をふるめずらしいもので、祭り最大のよび物になっている。[三股町／4月29日]

宮崎神宮大祭

宮崎県を代表する祭りで、地元では「神武さま」とよばれ親しまれている。毎年10月26日の例祭のあとの土・日曜におこなわれる。御鳳輦（神輿）を中心に稚児行列や流鏑馬などのはなやかで古式ゆかしい行列が、宮崎神宮から御旅所までの4kmの道のりを巡行する。[宮崎市／10月26日以降の土・日曜]

鹿児島県

稲の二期作がおこなわれていたため、田植祭りや収穫祝いにあたる十五夜踊りは、ほかの地域とはことなる時期に開催されています。また、奄美大島では旧暦の8月を新年と考える風習があり、「奄美まつり」など8月、9月の祭りがさかんです。

霧島神宮の斎田御田植祭

300年以上前からおこなわれてきた。

霧島神宮の神さま瓊瓊杵尊が、高天原から稲の種子をさずかり耕作したという伝説にもとづいておこなわれる。剣舞や田の神の舞などが奉納される。[霧島市／5月7日・8日]

与論の十五夜踊

古くは「大和踊」や「里主子美踊」ともいわれ、国の重要無形民俗文化財に指定されている。優雅な琉球風の踊りと、勇壮な大和の狂言風の踊りを奉納する組が交互に踊る。最後は会場に集まった人びとがいっしょに踊って終演となる。[与論町／旧暦の3月・8月・10月の15日（4月・9月・11月ごろ）]

奄美まつり

島唄大会や花火大会、舟こぎ競争など、多彩なもよおしでにぎわう、奄美大島最大の祭り。祭りで踊られる八月踊りは、奄美の伝統的な踊りで、奄美まつり以外にも同時期に島内各地で踊られている。[奄美市／8月第1日曜を最終日とする4日間]

六月灯

鹿児島市の照國神社の六月灯が県内最大規模。豪華な灯籠がかざられ、おおぜいの人びとでにぎわう。

県内の神社や寺院でおこなわれる灯籠祭り。19代藩主島津光久が上山寺新照院の観音堂を新設して参詣したときに、たくさんの灯籠をつけさせたのがはじまりと伝わる。[鹿児島県内各地／7月]

沖縄県

沖縄に伝わる行事や祭りには、琉球王朝時代の文化が息づいています。春のハーリーや盆行事のエイサーなど、県内各地でおこなわれる四季折おりの行事がある一方、「島尻パーントゥ」のような独自のものも伝承されています。

ハーリー

那覇ハーリーは、毎年5月3日〜5日に開催される。

ハーリーは、サバニとよばれる伝統的な漁船を使ったレース。約600年前の琉球王朝時代に中国から伝来したといわれる。なかでも那覇ハーリーは県内最大規模。他地区のサバニは11人ほどが乗船する大きさだが、那覇では42人がのる大型船を使う。[沖縄県内各地／5月〜6月]

島尻パーントゥ

つる草の衣装の上から全身にどろをぬりつけ、仮面をかぶった来訪神パーントゥが、人やものにどろをぬってまわる。パーントゥにどろをぬられると、災厄がはらわれるといわれる。
[宮古島市／11月ごろ]

那覇大綱挽

琉球王朝時代の那覇四町綱の伝統を引きつぐ、沖縄最大の伝統行事。みーんな（女綱）、をーんな（男綱）を結合させて引きあうのは、陰と陽の結合を意味し、人類繁栄を願う意味をもつ。
[那覇市／7月第1日曜]

ギネスブック認定の大綱は全長200m、総重量43t。引き手は1万5000人にのぼる。

安田のシヌグ

隔年で規模の大きなウフシヌグと規模の小さいシヌグンクヮーが開催される。シヌグは「男の祭り」。山に入った男性たちが、草木をまとって神になり下山、集落で神としてむかえられる。夜には女性たちが古舞踊ウシデークを歌い踊り、無病息災や豊漁を願う。[国頭村／7月〜8月]

琉球王朝時代の華麗な文化と祭り

琉球王国は、いまからおよそ570年前に成立し、沖縄島をはじめとする南西諸島をおさめ海洋貿易国として栄えました。中国、韓国や日本との外交・貿易がさかんで、さまざまな影響を受けながら、独自の文化、風習がはぐくまれました。当時のようすを伝えるものとして、中国皇帝の使者を歓待する宴を再現した「中秋の宴」や、王朝絵巻をくりひろげる「琉球王朝祭り」などが開催されています。

エイサー

沖縄の盆は、旧暦7月13日〜15日で、エイサーは3日目の夜に踊られる。下界におりてきた先祖の霊を、太鼓をたたいて送りだしたのがはじまりとされる。各地域の青年会がそれぞれの型をもち、歌い手や三線、太鼓が隊列を組み、一糸みだれぬ踊りを見せる。
[沖縄県内各地／7月〜9月]

さくいん

(本文で紹介している祭りや伝統行事を五十音順に記載しています。)

あ行

- 愛染堂勝鬘院の愛染まつり ……………… 65
- 会津田島祇園祭 …………………………… 36
- 葵祭 ………………………………………… 64
- 青島神社の裸参り ………………………… 90
- 赤米の頭受け神事 ………………………… 87
- 赤谷どんつき ……………………………… 51
- 赤間神宮の先帝祭 ………………………… 77
- 秋田竿灯まつり …………………………… 34
- 秋葉祭り …………………………………… 81
- 悪石島のボゼ ……………………………… 26
- 阿蘇神社の火振り神事 …………………… 88
- 安田のシヌグ ……………………………… 92
- 阿智神社秋祭 ……………………………… 75
- 熱田神宮の熱田まつり …………………… 59
- 奄美まつり ………………………………… 91
- 阿波おどり …………………………… 18、78
- 伊佐須美神社の御田植祭 ………………… 36
- 伊雑宮御田植式 …………………………… 62
- 石鎚神社のお山開き大祭 ………………… 80
- 石巻川開き祭り …………………………… 33
- 伊勢神宮の神嘗祭 ………………………… 62
- 嚴島神社の管絃祭 ………………………… 76
- 糸崎の仏舞 ………………………………… 54
- 因幡の菖蒲綱引 …………………………… 73
- 犬飼農村舞台 ……………………………… 78
- 今宮神社の十日戎 ………………………… 65
- 芋煮 ………………………………………… 35
- 岩倉社のケベス祭り ……………………… 89
- 岩槻の古式土俵入り ……………………… 43
- 上野天神祭 ………………………………… 62
- 宇佐八幡神社のお御供 …………………… 78
- 牛窓秋祭り ………………………………… 75
- 宇都宮二荒山神社のおたりや …………… 41
- うわじま牛鬼まつり ……………………… 80
- エイサー ……………………………… 19、92
- 江差・姥神大神宮渡御祭 ………………… 30
- 江刺甚句まつり …………………………… 32
- 王祇祭と黒川能 …………………………… 35
- 近江中山の芋競べ祭り …………………… 63
- 大磯の左義長 ……………………………… 46
- 大国魂神社のくらやみ祭 ………………… 45
- 大阪天満宮の天神祭 ……………………… 65
- 大崎八幡宮松焚祭 ………………………… 33
- 大杉ざんざこ踊り ………………………… 66
- 大曲の綱引き ……………………………… 34
- 大神神社の大神祭 ………………………… 67
- 男鹿のナマハゲ ……………………… 24、34
- 奥三河の花祭 ……………………………… 59
- 恐山大祭・恐山秋詣り …………………… 31
- 御船神事 …………………………………… 58
- お山参り …………………………………… 31
- 尾鷲神社のヤーヤ祭 ……………………… 62
- おわら風の盆 ……………………………… 52
- 女川の菖蒲たたき ………………………… 17
- 御柱祭 ……………………………………… 56

か行

- 覚林寺の清正公大祭 ……………………… 16
- 鹿島神宮の神幸祭 ………………………… 40
- 春日大社の万燈籠 ………………………… 67
- 勝山左義長まつり ………………………… 54
- 金砂の田楽 ………………………………… 40
- 金沢百万石まつり ………………………… 53
- 上山の加勢鳥 ……………………………… 25
- 亀崎潮干祭 ………………………………… 59
- 賀茂神社のやんさんま …………………… 52
- 唐津くんち ………………………………… 86
- 川越まつり ………………………………… 43
- 川尻精霊流し ……………………………… 88
- 神田祭 ………………………………… 20、45
- 祇園祭 ………………………………… 23、64
- 岸和田だんじり祭 …………………… 23、65
- 北野天満宮の梅花祭 ……………………… 64
- 吉備津神社のほら吹き神事 ……………… 76
- 京都五山送り火 …………………………… 64
- 鬼来迎 ……………………………………… 44
- 霧島神宮の斎田御田植祭 ………………… 91
- 郡上おどり …………………………… 18、57
- 熊野那智大社の那智の扇祭り ……… 21、68
- 熊野速玉大社御船祭 ……………………… 68
- 熊野本宮大社例大祭 ……………………… 68
- 鞍馬の火祭 ………………………………… 64
- 久礼八幡宮大祭 …………………………… 81
- 黒石よされ ………………………………… 18
- 黒船祭 ……………………………………… 58
- 黒森歌舞伎 ………………………………… 35
- 氣多大社のおいで祭り(平国祭) ………… 53
- 氣比神宮例祭 ……………………………… 54
- 粉河産土神社の粉河祭 …………………… 68
- 甑島のトシドン …………………………… 25
- 金刀比羅宮例大祭 ………………………… 79
- 駒形大神社のにらめっこおびしゃ ……… 44
- 古要神社の傀儡子の舞と神相撲 ………… 89

さ行

- 西大寺の会陽 ……………………………… 75
- 坂部の冬祭 ………………………………… 56
- 相模の大凧まつり ………………………… 46
- ささら踊り ………………………………… 19
- 佐太神社の佐陀神能 ……………………… 74
- さっぽろ雪まつり ………………………… 30
- 佐渡の車田植 ……………………………… 51
- さぬき豊浜ちょうさ祭 …………………… 79
- 佐野厄除け大師の正月大祭 ……………… 41
- 佐原の大祭 ………………………………… 44
- 三社祭 ……………………………………… 45
- 山王祭 ……………………………………… 45

さくいん

潮かけ祭り …… 62	チャッキラコ …… 46	沼田まつり …… 42
塩竈みなと祭 …… 33	千栗八幡宮お粥だめし …… 86	ねぶた …… 31
したんじょう …… 17	筑波山神社の御座替祭 …… 40	野沢温泉の道祖神祭り …… 56
篠田の花火 …… 63	鶴岡八幡宮の祭礼 …… 46	能登のキリコ祭り …… 53
島尻パーントゥー …… 25、92	敦賀の綱引き …… 54	能登のアマメハギ …… 26
じゃんがら念仏踊り …… 19、36	津和野弥栄神社の鷺舞 …… 74	
ショウキ祭り …… 51	手力の火祭り …… 57	**は 行**
少林山の七草大祭だるま市 …… 42	出羽三山神社の花祭 …… 35	ハーリー …… 92
白石踊 …… 75	土佐神社のしなね祭 …… 81	博多祇園山笠 …… 23、82
白間津のオオマチ …… 44	どぶろく祭 …… 57	博多どんたく港まつり …… 85
白山比咩神社の例大祭 …… 53	豊橋鬼祭 …… 59	筥崎宮の放生会 …… 85
新池神社のひょうげ祭り …… 79		箱根大名行列 …… 46
信玄公祭り …… 55	**な 行**	長谷の牛玉授け・観音市 …… 73
脚折雨乞 …… 43	長岡まつり花火大会 …… 51	八戸えんぶり …… 31
住吉祭 …… 65	長崎くんち …… 87	馬頭観音の絵馬市 …… 43
世田薬師のきうり封じ …… 80	長崎精霊流し …… 87	花湯まつり …… 73
千貫神輿 …… 21	長崎ペーロン選手権大会 …… 87	浜降祭 …… 21
浅間神社大神幸祭 …… 55	長滝白山神社の六日祭 …… 57	浜坂川下大祭 …… 66
仙台七夕まつり …… 33	長田神社の追儺式 …… 66	浜松まつり …… 58
全日本チンドンコンクール …… 52	長浜曳山まつり …… 63	早馬まつり …… 90
相馬野馬追 …… 36	灘のけんか祭り …… 66	早池峰神社例大祭 …… 32
	那覇大綱挽 …… 92	春の大祭 …… 80
た 行	名舟大祭の御陣乗太鼓 …… 53	樋越神明宮の春鍬祭 …… 42
大善寺玉垂宮の鬼夜 …… 85	滑川のネブタ流し …… 52	日田祇園祭 …… 89
大日堂舞楽 …… 34	成田山の節分会 …… 44	日立風流物 …… 22、40
高岡御車山祭 …… 52	新野の盆踊り …… 56	日御碕神社の神幸神事 …… 74
多賀大社の万灯祭 …… 63	丹生神社の笑い祭 …… 68	姫島盆踊り …… 19、89
高千穂の夜神楽 …… 90	西祖谷の神代踊 …… 78	日吉大社の山王祭 …… 63
高山祭 …… 22、57	西浦田楽 …… 58	平戸ジャンガラ …… 87
竹馬祭 …… 17	西馬音内盆踊り …… 19	弘前さくらまつり …… 31
武雄の荒踊 …… 86	日光山輪王寺の強飯式 …… 41	廣瀬大社の砂かけ祭 …… 67
大宰府天満宮の鷽替え・鬼すべ神事 …… 85	日光東照宮の百物揃千人武者行列 …… 41	深川八幡祭り …… 20
田村神社の御蚊帳垂神事 …… 79	日光二荒山神社の弥生祭 …… 41	藤崎八幡宮例大祭 …… 88
談山神社のけまり祭 …… 67	貫前神社の鹿占神事 …… 42	藤原祭り …… 32
秩父夜祭 …… 43	沼名前神社のお弓神事 …… 76	べったら市 …… 45
チャグチャグ馬コ …… 32	沼田町夜高あんどん祭り …… 30	防府天満宮御神幸祭(裸坊祭) …… 77

鳳来寺田楽祭 ……………… 59	宮崎神宮大祭 ……………… 90	湯かけ祭り ………………… 42
穂高神社の御舟祭 ………… 56	御幸(御輿行幸) …………… 73	横手の雪まつり …………… 34
北海道神宮例祭 …………… 30	ミルク ……………………… 25	よさこい祭り ……………… 81
本場鶴崎踊大会 …………… 89	毛越寺の摩多羅神祭・二十日夜祭 …… 32	吉田の火祭り ……………… 55
	もちがせ流しびな ………… 73	呼子大綱引 ………………… 86
ま 行	盛岡さんさ踊り …………… 32	与論の十五夜踊 …………… 91
松島流灯会 海の盆 ………… 33		
間々田のジャガマイタ …… 16	**や 行**	**ら 行**
三嶋神社のどろんこ祭り … 80	八代妙見祭 ………………… 88	六月灯 ……………………… 91
三嶋大社の田祭と御田打ち神事 …… 58	弥彦神社の灯籠まつり …… 51	
見島のカセドリ …………… 26	山形花笠まつり …………… 35	**わ 行**
水戸の梅まつり …………… 40	山鹿灯籠まつり …………… 88	若草山焼き ………………… 67
三原やっさ祭り …………… 76	山口祇園祭 ………………… 77	若狭のお水送り …………… 54
三春だるま市 ……………… 36	山口七夕ちょうちんまつり … 77	笑い講 ……………………… 77
壬生の花田植 ……………… 76	山中諏訪神社の安産祭り … 55	
美保神社の青柴垣神事 …… 74	山辺神宮祇園大祭(ホーランエ) …… 74	

■ 写真協力(50音順)

愛知県観光協会
青島神社
阿賀町
阿智神社
熱田神宮
阿南町
奄美市
石川県観光連盟
出雲観光協会
今治市
いわき観光まちづくりビューロー
宇都宮観光コンベンション協会
江差町
海老名市教育委員会
愛媛県
大磯町
大阪観光局
大神神社
大山町
男鹿市教育委員会
岡山県観光連盟
沖縄観光コンベンションビューロー
甲斐市
覚林寺
鹿児島県観光連盟
鹿島神宮
春日大社
亀崎潮干祭保存会
観音寺市
岸和田市
北野天満宮
紀の川市
吉備津神社
岐阜県観光連盟
京菓子司 甘春堂

霧島神宮
郡上市観光連盟
熊野那智大社
熊野本宮大社
熊本県
久留米観光コンベンション国際交流協会
氣多大社
江津市
小江戸川越観光協会
五山送り火連合会
金刀比羅宮
西大寺
さいたま市
佐賀県観光連盟
佐賀県教育委員会
酒田市教育委員会
佐渡観光協会
佐野市
静岡県観光協会
したんじょう行事鹿俣文化財保存会
新発田市観光協会
島根県観光連盟
下田市観光協会
勝鬘院愛染堂
白河観光物産協会
白山ひめ神社
新宮市観光協会
神官司庁
新城市観光協会
住吉大社
瀬戸内市観光協会
台東区
高松市
太宰府天満宮
玉村町

田村神社
茅ヶ崎商工会議所
ツーリズムおおいた
鶴ケ島市
出羽三山神社
東京観光財団
東京にいたか・屋/(株)フォーサリンクス
徳島県観光協会
徳島大学大学院教授 高橋晋一
土佐神社
栃木県観光物産協会
鳥取県
鳥取県教育委員会
とやま観光推進機構
豊橋観光コンベンション協会
長崎県観光連盟
長田神社
中津市役所
中土佐町
長野県観光機構
長浜市
那智勝浦町観光協会
奈良県ビジターズビューロー
奈良市観光協会
南部公民館
仁淀川町
人形の鯉徳
貫前神社
沼名前神社
沼田町
羽黒町観光協会
浜坂観光協会
浜松市
東松山市観光協会
日高川町

日野観光協会
姫路市
日吉大社
広島県
びわ湖高島観光協会
びわこビジターズビューロー
photo AC
福井県
福井県観光連盟
福岡市
防府天満宮
穂高神社
三浦市
三島市郷土資料館
三重県観光連盟
三嶋大社
南房総市
美保神社
宮城県観光課
みやき町観光協会
みやざき観光コンベンション協会
三好市観光協会
養父市教育委員会
山口県観光連盟
やまなし観光推進機構
由岐神社
横芝光町
横芝光町教育委員会
よさこい祭振興会
ヨロン島観光協会
渡辺晃
絵夢島 / PIXTA
47都道府県の各フォトライブラリー